Ein Verlag in der Westermann Gruppe

1. Auflage 2023
© 2023 Arena Verlag GmbH
Rottendorfer Str. 16, 97074 Würzburg
Alle Rechte vorbehalten

Umschlaggestaltung: Juliane Lindemann
Coverillustration und Innenillustrationen: Dagmar Henze

Gesamtherstellung: Westermann Druck Zwickau GmbH
Gedruckt in Deutschland

ISBN 978-3-401-60729-0

Besuche uns auf:
www.arena-verlag.de

@arena_verlag
@arena_verlag_kids

Sarah Bosse

Spurensuche in stiller Nacht

Ein Weihnachtskrimi in 24 Kapiteln
nach einer Idee von JO PESTUM

Mit Bildern von Dagmar Henze

Sarah Bosse,
Jahrgang 1966, studierte Germanistik, Skandinavistik
und Soziologie in Münster und hat als Kinder- und
Jugendbuchautorin über 130 Bücher veröffentlicht.
Sie lebt in der Nähe von Münster.

Dagmar Henze
hat an der Fachhochschule Hamburg Illustration studiert
und mittlerweile unzählige Bilder- und Kinderbücher mit
ihrem unverwechselbaren Illustrationsstil ausgestattet.

Weitere Weihnachtskrimis in 24 Kapiteln von Sarah Bosse
und Jo Pestum im Arena Verlag:
Die Spekulations-Verschwörung (Band 60669)
Drei Weihnachts-Lamas in Gefahr (Band 60525)
Die große Adventsverschwörung (Band 60379)
Die Nikolaus-Entführung (Band 60601)

Sarah Bosse
Spurensuche in stiller Nacht
Ein Weihnachtskrimi in 24 Kapiteln
nach einer Idee von JO PESTUM

Ach tung!

Dies ist ein Weihnachtskrimi in 24 spannenden Kapiteln!
Er funktioniert wie ein Adventskalender:
Jeden Tag vom 1. bis zum 24. Dezember kannst du
ein „Türchen", das heißt also ein Kapitel, öffnen. Am
besten du nimmst dazu ein Lineal oder einen Brieföffner.
Probier's gleich mal aus!

»Was hab ich berechnet?« Plötzlich stand auch der Vater gähnend in der Tür.

»Die Bratpfannenflugbahn«, wiederholte Samuel augenzwinkernd und Carla hielt die roten Porzellanscherben in die Höhe.

Lothar Winter atmete erleichtert auf und tat ganz unschuldig. »Uff, und ich dachte schon, es sei was Schlimmes passiert.« Dann holte er das Kehrblech aus der Kammer. »Leg die Scherben mal hier drauf, Carla. Ich bringe sie lieber direkt in die Mülltonne, bevor sich noch jemand dran schneidet.«

Carla, die eigentlich Carlotta hieß, sich aber nicht mehr daran erinnern konnte, dass sie jemand je so genannt hatte, legte die größeren Scherben auf das Blech und die kleineren fegte ihr Vater zusammen.

Ganz gewissenhaft ging Carla in die Hocke und sah genau nach, ob noch irgendwo auf dem Fußboden kleine Splitter glitzerten. Nicht auszudenken, Floyd würde sich die spitzen Dinger in seine Pfötchen treten. »Feg mal besser hier noch drüber, Lolo«, forderte sie ihren Vater auf.

»Und erst mal kein Wort hiervon zu eurer Mutter, wenn sie von der Fortbildung zurückkommt, okay?«, mahnte der Vater. »Aus irgendeinem Grund, den ich überhaupt nicht nachvollziehen kann, hing sie an diesem gruselig hässlichen Porzellan-Gnom.«

»Dir fehlt halt das Kitsch-Gen. Willst du dir übrigens nicht was an die Füße ziehen?«, fragte Samuel kichernd, als der Vater barfuß auf die Tür zusteuerte, die von der Küche direkt zur Einfahrt führte. Dort standen auch die Mülltonnen.

Doch Lothar Winter winkte ab und bemühte sich sichtlich, nicht mit den Zähnen zu klappern. »Du hast wohl noch nie was von einer Kneipp-Kur gehört. Abwechselnd warm und kalt, das härtet ab.«

Carla drehte den Schlüssel im Schloss, um dem Vater die Tür aufzumachen. Und wich direkt zurück, als der Wind eine

Wenn nachts Bratpfannen fliegen

Mitten in der Nacht wurde der rote Porzellan-Weihnachtsmann von der Bratpfanne erschlagen.

Carla war als Erste in der Küche, nachdem die ganze Familie aus dem Tiefschlaf gerissen worden war. Es hatte sich angehört, als sei eine große Pyramide aus Konservendosen zusammengekracht. Kater Floyd war voller Panik aus Carlas Bett gesprungen, wo er sich eben noch gemütlich in ihre Kniebeuge gekuschelt und tief und fest geschlafen hatte. Jetzt suchte er maunzend Zuflucht unter der Kommode.

Als Carla im Halbschlaf mit dem Finger den Lichtschalter in der Küche fand, war auch ihr Bruder Samuel neben ihr im Türrahmen aufgetaucht. Beide blinzelten sie ins grelle Licht und hatten schnell erfasst, was da passiert war.

»Na klar, Lolo mal wieder«, raunte Samuel.

Der Vater hatte am Abend noch die Töpfe und Pfannen gespült und diese im Geschirrablaufkorb zu einem abenteuerlichen Turm aufgestapelt, anstatt sie abzutrocknen und wegzuräumen. Ganz obendrauf hatte die Bratpfanne gelegen, die nun abgerutscht war und mit Schwung den Weihnachtsmann geköpft hatte, der immer in der Adventszeit auf der Küchenfensterbank stand.

Samuel packte die Pfanne und verstaute sie in der Schublade unter dem Backofen. Carla fischte mit spitzen Fingern die Porzellanscherben von der Fensterbank und der Anrichte. »Damit wäre das entschieden. Das kitschige Ding kommt endlich in den Müll.«

»Vielleicht war das ja ganz dreiste Berechnung von Lolo«, kicherte Samuel. »Ich würde dem zutrauen, dass er die Bratpfannenflugbahn genau berechnet hat, damit sie den Weihnachtsmann ganz sicher trifft.«

1. Dezember

»Falls der Schnee überhaupt liegen bleibt«, sagte der Vater, der mittlerweile anfing zu schlottern. »Jetzt aber schnell wieder ins Bett. Zweite Phase der Kneipp-Kur: Wärme.«

Carla und Samuel hüpften fröhlich die Treppe hinauf. Sie waren voller Vorfreude. Nach langer, langer Zeit schneite es endlich mal wieder.

»Du wirst sehen, Lolo, der Schnee bleibt diesmal liegen, das sind doch schließlich nur noch zehn Tage«, sagte Carla und hob den Daumen.

»Ja!«, rief Samuel. »Das wäre so toll, endlich mal wieder Schnee zu Weihnachten. Dafür stehe ich auch gern eine halbe Stunde eher auf.«

Der Vater lachte. »Na, da bin ich aber gespannt, ob du das nachher noch meinst, wenn ich dich wecke. Und jetzt ab mit euch ins Bett.«

Als Carla in ihr Zimmer zurückkam, lugte auch Floyd wieder unter der Kommode hervor.

»Alles ist gut, Süßer. Komm, wir kuscheln weiter«, lockte Carla den roten Kater. Inzwischen kroch ihr die Kälte die Beine hoch. Sie war froh, zum warmen Teil der Kneipp-Kur übergehen zu können.

Als sie unter der Decke lag und Floyd sich wieder in ihre Kniebeuge gekringelt und den Schnurr-Motor angeworfen hatte, musste sie an den armen roten Weihnachtsmann denken, dessen Leben in dieser denkwürdigen Nacht auf spektakuläre Weise sein Ende genommen hatte.

Wird der Schnee wirklich liegen bleiben?
Lies morgen weiter.

Ladung Schnee hereinblies. Eine Schneewehe hatte sich bereits kniehoch an der Hauswand aufgetürmt und fiel nun, da die Tür geöffnet war, in sich zusammen. Direkt auf die Küchenfliesen.

Lothar Winter schüttelte seine nassen Füße. »Uähhh!« Beinahe wäre ihm das Kehrblech aus der Hand geflutscht. »Ach, du heiliger Bimbam!«

Samuel zuckte mit den Schultern. »Das haben die doch schon heute Abend im Fernsehen gesagt, Lolo. Also, dass das heute Nacht anfangen soll zu schneien.« Neugierig steckte er die Nase vor die Tür, wo dicht die weißen Flocken zur Erde schwebten. Die Außenlaterne sah jetzt mit ihrer weißen Zipfelmütze aus wie ein blasser Schlumpf. »Hey, Carla, nach der Schule Schneemann bauen?«

»Ist gebongt.« Carla hielt ihrem Bruder die Faust zum Fistbump hin. Sie freute sich, dass es nun endlich angefangen hatte zu schneien. Wie lange hatten sie darauf gewartet!

»Apropos, wir sollten vorsichtshalber eine halbe Stunde früher aufstehen.« Der Vater warf einen skeptischen Blick nach draußen. »Ich glaube kaum, dass ihr mit dem Rad zur Schule fahren könnt. Habt ihr eure Wanderschuhe am Start? Mit den Chucks wird das nichts im Schnee. Da habt ihr in null Komma nichts nasse Füße.«

Samuel lachte und zeigte auf die nackten Zehen seines Vaters. »So wie du jetzt.«

Lothar Winter seufzte. »Wohl wahr. Auf zur Kneipp-Kur!« Dann machte er mutig einen Schritt nach draußen und gab dabei Laute von sich, die stark an das Jaulen eines heiseren Kojoten erinnerten.

»Lolo, pst, du weckst ja die Nachbarn auf!«, kicherte Samuel.

Carla hatte derweil einen Schrubber aus der Kammer geholt und den Schnee aus der Küche gefegt. Kaum war der Vater wieder im Haus, schlug sie die Tür zu und rieb sich die Hände. »Das wird fein. Schlitten fahren, Schneeballschlacht, Iglu bauen …«

2. Dezember

Floyd, der Stunt-Kater

Als Carla aufwachte, spürte sie Fusseln am Mund. Floyd hatte im Lauf der Nacht seine Position verändert und lag nun auf dem Kopfkissen, den Schwanz vor Carlas Gesicht drapiert. Carla musste erst einmal herzhaft niesen. Dann warf sie einen Blick auf ihr Handy und schreckte hoch. Lolo wollte sie doch eine halbe Stunde eher wecken, jetzt war es aber schon nach sieben! Hatte Lolo etwa verschlafen? Oder noch schlimmer: War der Schnee etwa doch geschmolzen?

Carla huschte auf Zehenspitzen hinunter in die Küche. Ihr Vater hatte bereits Kaffee gemacht und lehnte mit einer Tasse an der Anrichte. »Hey, ich dachte, ich lass euch mal schlafen.«

»Aber …«, setzte Carla an.

Doch ihr Vater fiel ihr sogleich ins Wort. »Keine Sorge, die Schule fällt heute aus.«

Carla steckte sich den Zeigefinger ins Ohr und rüttelte. »Ich hab tatsächlich gerade verstanden, dass die Schule ausfällt.«

»Ja, ist auch so«, sagte Lothar Winter. Er hielt ihr das Smartphone vor die Nase. Carla schaute auf das Display. Ihr Vater hatte die Seite der Kreiszeitung aufgerufen. Carla überflog die Zeilen. Tatsächlich, da stand es als Eilmeldung. »*Die Schulen bleiben heute geschlossen, um die Schülerinnen und Schüler auf dem Schulweg nicht zu gefährden*«, las Carla im Flüsterton. »*Es kann ebenso nicht garantiert werden, dass das Lehrpersonal in der Schule anwesend ist, um die Kinder zu beaufsichtigen, aufgrund des … Schneechaos?*«, rief Carla ungläubig. Jetzt erst wurde ihr bewusst, dass nicht etwa die Rollläden heruntergelassen waren. Nein, vor dem Fenster war eine Wand. »Ist das etwa …?«

Lothar Winter nickte. »Schnee. Ja. Auf dieser Seite kommen wir nicht aus dem Haus. Der Wind hat ihn richtig fest an die

Hauswand gedrückt. Der Witz ist, wir kommen nicht mal in die Garage, um die Schneeschaufel herauszuholen. Habe ich schon gecheckt.«

Carla flitzte die Treppe hinauf, um ihren Bruder zu wecken. »Samuel! Sammy, Sammy, das musst du dir ansehen!« Carla griff nach dem Gurt und zog den Rollladen von Samuels Fenster mit lautem Geratter nach oben. Von hier aus hatte sie erst den richtigen Blick auf die Lage. Die ganze Welt war unter einer dicken Schneeschicht verschwunden, die das erste Tageslicht in einem bläulichen Schimmer reflektierte. Die kleinen Tannen der Nachbarn steckten nur noch die Spitzen aus dem Schnee wie grüne Nasen und vom beleuchteten Rentier war gerade mal das Geweih zu sehen. Und an vielen Häusern leuchteten die kleinen Lämpchen der Lichterketten in den Fenstern. Von der Stichstraße und den Zufahrten der Häuser war nichts mehr zu erkennen. Oben an der Hauptstraße versuchten Räumfahrzeuge laut knatternd, die Fahrbahn freizuschieben. »Spektakulär!«, rief Carla.

»Was'n los?«, murmelte Samuel verschlafen.

»Die Welt versinkt im Schneechaos und wir haben schulfrei«, erklärte Carla.

»Echt?« Das lockte selbst den Morgenmuffel Samuel aus dem warmen Bett. Eingewickelt in seine Bettdecke kam er zum Fenster. Seine dunklen Locken standen regelrecht zu Berge. »Wow! Und die Schule fällt wirklich aus?«

Carla kicherte und strubbelte ihm durch die Haare. »Guck doch mal genau hin, du Witzbold. Ich glaube kaum, dass heute irgendwer pünktlich zur Arbeit kommt. Bis wir uns zur Schule geschaufelt hätten, wäre der Vormittag vorbei. Mindestens.«

Carla hörte Floyd unten an der Haustür maunzen. »Schnuckel, das wird nichts mit Draußen-Pipimachen. Du musst dein Katzenklo benutzen«, rief sie ihm zu.

»Wie gut, dass dein Kater dich versteht«, kommentierte der

Vater lachend. Er hatte sich inzwischen Jeans und einen dicken Pulli angezogen.

»Ich wollte es ihm auch gerade zeigen, Lolo.« Carla öffnete die Haustür, zu der eine kleine Außentreppe hinaufführte. Verdutzt schnupperte der Kater an dem weißen Zeug, das ihm offensichtlich sehr suspekt vorkam. Aber davon wollte er sich nicht einschüchtern lassen und machte einen Satz nach vorn.

»Floyd!«, rief Carla erschrocken, musste aber im selben Moment fürchterlich lachen. Der rote Kater versank komplett im Schnee, um gleich darauf kreischend in die Luft zu springen, als hätte ihn eine Sprungfeder nach oben katapultiert. Voller Panik kam er zurück ins Haus gesaust und rutschte dabei mit seinen nassen Pfötchen aus. Auf dem Pelzpopo schlitterte er über den Fliesenboden.

»Cooler Stunt!«, rief Samuel lachend vom oberen Treppenabsatz. In seine Steppdecke gewickelt sah er aus wie ein Polarforscher.

»Hey, Scott und Amundsen!«, rief Lothar Winter aus der Küche. »Zieht euch mal an und kommt frühstücken. Und dann überlegen wir gemeinsam, wie wir strategisch am besten vorgehen.«

Carla hob die Hand und zählte an den Fingern ab. »Ganz einfach, Lolo: Schneemann bauen, Schlitten fahren, Schneeballschlacht …«

Der Vater schüttelte lachend den Kopf. »Ich befürchte, wir müssen uns erst mal wie die Schneehasen bis zur Garage durchwühlen.« In diesem Moment klingelte Lothar Winters Handy.

»Hallo, Rudolph, ganz schönes Chaos da draußen, was?«, meldete sich der Vater. Dann verstummte er und horchte aufmerksam. Nachdenklich legte er die Stirn in Falten und sagte schließlich: »So ein Mist.«

Carla wusste, dass Rudolph der Leiter des Tierheims war, in dessen Vorstand sich ihr Vater ehrenamtlich engagierte. Hoffentlich war nichts Schlimmes passiert. Carla hatte sich an den Küchentisch gesetzt und beobachtete ihren Vater beim Telefonieren. Er antwortete immer nur kurz mit »Hm« oder »Verstehe«. Schließlich seufzte er. »Okay, es nützt ja nichts, dann muss ich das übernehmen. Ja, auch das noch. Ich tue, was ich kann. Liegt ja auf dem Weg.«

Als er aufgelegt hatte, ließ er sich auf die Küchenbank nieder, stützte das Kinn auf die Faust und sah seine Tochter ernst an. Eine tiefe Sorgenfalte hatte sich über seinen Augenbrauen gebildet. »Ich befürchte, ich muss jetzt gleich zu Fuß zum Tierheim gehen«, sagte er. »Die Mitarbeiter haben keine Chance zu kommen. Die wohnen ja weiter weg und die Straßen sind komplett dicht. Ich wohne am nächsten dran. Ich kann es zu Fuß schaffen. Die Tiere müssen versorgt werden. So etwas passiert immer zur Unzeit. Wirklich blöd, ich hab noch eine Auftragsarbeit, die schnell fertig werden muss. Die Auftraggeber scharren schon mit den Hufen. Mist, verdammt.«

Carlas Vater arbeitete als Werbegrafiker im eigenen Büro zu Hause. Es kam häufig vor, dass er unter großem Zeitdruck arbeiten musste.

»Aber Lolo, die Tiere gehen vor! Du kannst sie ja nicht verhungern lassen!«, rief Carla. Sie warf einen skeptischen Blick aus dem Fenster. Es hatte zwar aufgehört zu schneien, aber es würde enorm mühsam werden, durch den tiefen Schnee bis zum Tierheim zu stapfen. »Du wirst allerdings 'ne halbe Ewigkeit brauchen, befürchte ich.«

Dann begannen die Gedanken in ihrem Kopf Purzelbaum zu schlagen.

Können Carla und Samuel irgendwie helfen?
  Lies morgen weiter.

3. Dezember

Ein Fall für die Polar-Forscher

Lothar Winter rieb sich nervös die Schläfen. »Ich muss auch noch beim Landhandel einen Sack Spezialfutter für Schnipsel besorgen. Das ist alle und sollte heute geliefert werden.«

»Schnipsel?«, fragte Samuel mit schokocremeverschmiertem Mund. »Ist das der Mischling mit dem empfindlichen Magen?«

Der Vater nickte. »Ja, von normalem Futter kriegt der Durchfall.«

Carla verdrehte die Augen. »Ihhh.«

»Ich hoffe nur, dass beim Landhandel jemand da ist«, sagte der Vater gestresst. »Wisst ihr, wo mein großer Rucksack ist? Ich muss ja auch das Futter mitschleppen.«

Carla schob sich einen Löffel voll Müsli in den Mund. »Du solltest für dich selbst auch noch was zu essen mitnehmen. Du wirst ja nicht mal eben zwischendurch nach Hause kommen.«

»Du hast recht. Bist du so lieb und packst mir was zusammen?« Das Handy ans Ohr gepresst, verschwand Lothar Winter hastig aus der Küche, um seinen Rucksack zu suchen. Da gab es mit den anderen Vorstandsleuten einiges zu besprechen. »Verdammt, das wird eine Menge Arbeit. Quarantänestation, Hunde, Katzen, Kleintiere … Bis ich am Tierheim angekommen bin, hängt den Fellnasen der Magen sicher schon in den Pfoten«, sagte er im Hinausgehen. »Ihr beide kommt hier ja klar, oder?«

»Die Frage ist, ob du klarkommst, Lolo«, rief Carla ihm besorgt hinterher. Sie begann, für ihren Vater eine paar Brote zu schmieren. Plötzlich stieß Samuel ihr den Ellenbogen in die Seite. »Hör mal!«

Im Radio wurde gerade wieder über das Schneechaos berichtet. Der Verkehr war in der gesamten Region zusammengebrochen. Die Räumfahrzeuge kamen kaum durch die Straßen.

In einigen Teilen waren Bäume unter der Schneelast umge-fallen und hatten Stromleitungen in Mitleidenschaft gezogen. Viele Haushalte waren ohne Strom. Aber was die Geschwister noch mehr beunruhigte, war die Tatsache, dass weitere heftige Schneefälle angekündigt waren. Nach dieser Meldung spielten sie ein kitschiges amerikanisches Weihnachtslied. »I'm drea-ming of a white christmas«, schnulzte Bing Crosby aus dem Lautsprecher.

»Das klingt nicht danach, dass die Straße zum Tierheim so schnell freigeräumt werden kann«, sagte Samuel. »Vielleicht die große Hauptstraße, aber von da sind es mindestens noch anderthalb Kilometer auf dem Wirtschaftsweg.«

Carla überlegte. »Und die Tiere müssen ja gegen Abend noch mal gefüttert werden. Das wird schon schwierig genug für Lolo, danach wieder nach Hause zu kommen. So im Dunkeln.«

»Und morgen früh dann das Gleiche von vorn«, erinnerte Samuel. »Wenn ich ehrlich bin, kribbelt es mir die ganze Zeit schon so verdächtig unter den Fußsohlen. Sag mal, weiß du, wo unser alter Holzschlitten ist? Hoffentlich nicht in der Garage.«

Carla zog die Augenbrauen hoch. »Ich glaube, der ist im Kel-ler. Wieso? Willst du jetzt etwa Schlitten fahren?«

»Und wann kommt Mama von ihrem Seminar zurück?«, frag-te Samuel, statt zu antworten.

»Ich glaube, übermorgen«, antwortete Carla. »Vorausgesetzt, man kann dann überhaupt von irgendwo nach irgendwo fah-ren. Der Zugverkehr ist schätzungsweise auch ziemlich lahm-gelegt. Aber was hat Mama mit dem Schlitten zu tun?«

Aus dem Hauswirtschaftsraum hörten sie es rumpeln. Ir-gendetwas schien umgefallen zu sein. Sie hörten den Vater fluchen.

Samuel warf einen Blick auf die Küchenuhr. Er machte ein ernstes Gesicht. »Hör zu, ich glaube, da wartet jetzt eine ver-dammt wichtige Aufgabe auf uns. Aber wir müssen alles sehr genau planen und sollten jetzt keine Zeit mehr verlieren.«

Als Lothar Winter endlich den Rucksack gefunden und gepackt hatte und sich nun mit Winterstiefeln, warmer Jacke, Mütze, Handschuhen und Schal für seinen Marsch bereit machte, überraschten ihn die Geschwister im Hausflur nicht nur mit dem alten Schlitten, sondern auch mit einer wichtigen Neuigkeit.

»Wir kommen mit auf die Expedition!«, sagte Carla.

»Zu dritt haben wir die Tiere viel schneller versorgt«, sagte Samuel.

»Proviant für uns drei haben wir eingepackt«, sagte Carla.

»Die Handys sind voll aufgeladen«, sagte Samuel.

»Floyd hat ausreichend Futter da stehen«, sagte Carla.

»Den Sack mit dem Futter für Schnipsel packen wir zu den anderen Sachen mit auf den Schlitten«, sagte Samuel.

»Und auch sonst haben wir an alles gedacht«, sagte Carla. »Hoffen wir jedenfalls.«

Jetzt musste ihr Vater wirklich lachen. »Na gut, ihr zwei Polarforscher. Die Schule fällt ja sowieso aus. Scott und Amundsen, auf geht's! Die erste große Herausforderung wartet auf uns, wir müssen uns durch die Stichstraße bis zur Hauptstraße durchkämpfen. Und glaubt mir, bis zum Tierheim zu kommen, das wird heftiger als eine Kneipp-Kur.«

Samuel hob die Faust. »Das schaffen wir. Erste Station: Landhandel!«

Carla hatte ihrer besten Freundin Esther eine Sprachnachricht geschickt. »Wir machen jetzt so eine Art Polar-Expedition. Sammy und ich kämpfen uns mit unserem Dad zum Tierheim Tannenhof durch, weil die Tierpfleger nicht durchkommen. Lolo braucht da jetzt unsere Hilfe. Schule fällt ja eh aus.«

Esther antwortete per Textnachricht: *Ach, du heiliges Rentier! Verlauft euch bloß nicht!*

Carla schrieb: *Wenn du bis zur Dämmerung nichts von mir gehört hast, kannst du ja mal einen Suchtrupp losschicken.*

Bereits die erste Etappe bis zur Hauptstraße erwies sich als

Abenteuer. Als sie vorsichtig die Stufen vor der Haustür hinunterstiegen, versanken sie bis zu den Knien im Schnee.

»Au Backe!«, fluchte Carla. Schon nach wenigen Schritten war ihr Schnee von oben in die Wanderschuhe gedrungen. Schnell zog sie sich die Regenhose über den Schaft der Schuhe. Mit nassen Füßen weiterstapfen wollte sie nun wirklich nicht. Das ging ja schon gut los mit ihrer Expedition!

Einige Nachbarn standen in den offenen Haustüren und winkten. Die Weihnachtsdeko leuchtete in den Fenstern. Noch keiner hatte es geschafft, die Zuwegung freizuschaufeln, doch einige schwangen nun tatkräftig die Schneeschüppen. Als sie an der Hauptstraße angekommen waren, war Carla bereits nass geschwitzt. Sie mochte gar nicht an den weiten Weg bis zum Tierheim denken. Schlappmachen ist nicht, ermahnte sie sich, die Tiere brauchen uns! »Jetzt so 'n Rentierschlitten. Das wär toll«, stöhnte sie.

Von überallher knatterten und brummten Räumfahrzeuge und Traktoren, schweres Gerät, mit dem versucht wurde, zumindest eine Fahrspur auf den Straßen freizuschieben. An vielen Stellen türmten sich bereits mannshoch weiße Hügel.

Carla, Samuel und Lothar Winter mussten vorsichtig über die freie Rinne auf der Straße rutschen, auf den Bürgersteigen war kein Durchkommen. Immer wieder mussten sie auf die Schneehaufen ausweichen, wenn Autofahrer ihre Fahrzeuge über die Straße manövrierten.

»Die sind aber mutig«, sagte Carla.

»Die sind leichtsinnig«, sagte ihr Vater.

»Die sind bescheuert«, sagte Samuel.

Werden die drei es bis zum Tierheim schaffen?
Lies morgen weiter.

4. Dezember

Polarstation Tannenhof

Mit Erleichterung stellten sie fest, dass Herr Weihrauch gerade dabei war, den Eingangsbereich des Landhandels mit seinem kleinen Trecker freizuräumen. Als er das Trio entdeckte, stellte er den Motor ab und ließ sich vom Fahrersitz rutschen.

»Hallo, Gisbert«, grüßte der Vater. »Da bin ich aber froh, dass du deinen Laden offen hast. Wir sind auf dem Weg zum Tierheim, die Mitarbeiter kommen nicht durch. Und wir brauchen dringend noch einen Sack von dem Spezialfutter für unser Sensibelchen.«

Herr Weihrauch zupfte sich die Handschuhe von den Fingern, stiefelte durch das offen stehende Tor direkt in das Lager und griff einen Futtersack heraus. »Hier. Einmal Magen-Darm.«

»Prima, da sind wir ja schon mal ein Stück weiter.« Lothar Winter fischte sein Portemonnaie aus der Jackentasche, doch der Händler winkte ab. »Lass mal stecken, Lothar. Ich schreib das für euch auf. Die Kasse funktioniert eh nicht. Kein Strom. Da ist bestimmt irgendwo ein Ast auf eine Leitung gekracht.«

Lothar Winter hob die Hand zum Abschied. »Oh je. Dann hoffen wir mal, dass der Schaden schnell behoben ist.«

Gisbert Weihrauch schüttelte den Kopf. »Da bin ich nicht besonders optimistisch. Na, wir müssen es nehmen, wie es kommt. Dann mal guten Weg und verlauft euch nicht.« Er lüpfte kurz den Cord-Hut und rutschte dann wieder auf den Sitz seines kleinen Treckers, an dem vorn ein Räumschild angebracht war.

Carla und Samuel verstauten den großen Plastiksack auf dem Schlitten und kurz darauf hatten sie und ihr Vater den Ortsrand erreicht. Vor ihnen lag das freie Feld. Still und friedlich. Schnee, so weit das Auge reichte. Inzwischen stand die Sonne höher am Himmel und ließ die Schneekristalle glitzern. Geblendet blinzelte Carla in die Ferne. »Ich frage mich, wo sich wohl all die Wildtiere verkrochen haben. Die hatten ja gar keine Zeit, sich auf so heftigen Schnee einzustellen. So schnell, wie das Wetter umgeschlagen ist.«

»Hoffen wir, dass die meisten sich in Sicherheit bringen konnten. Wenn ich mir diese riesigen Ackerflächen anschaue, wird es für die Tiere immer schwieriger, Unterschlupf zu finden. Früher gab es viel mehr Wallhecken und so.« Lothar Winter schnaufte. »Aber kümmern wir uns doch erst mal um die Haustiere. Apropos Hecken: Da drüben ist der Feldweg. Gut, dass wenigstens dort direkt daneben die Hecke wächst, daran können wir uns prima orientieren.«

Samuel und der Vater stapften vorneweg und Carla lief hinterher und passte auf, dass nichts vom Schlitten fiel. Den Weg zu finden, war nicht so schwierig, denn es ging geradeaus und wieder geradeaus und immer weiter geradeaus. Carla und Samuel waren den Weg schon tausendundein Mal mit den Rädern gefahren, aber heute kam es ihnen vor, als wollte er nicht enden. Außerdem legte der Vater ein Tempo vor, mit dem sie nur schwer mithalten konnten, denn die Tiere warteten auf Futter.

Endlich standen sie vor dem verzinkten Tor des Tierheimgeländes, das flankiert war von zwei Koniferen, in deren Zweige die Mitarbeiter bunte Weihnachtskugeln gehängt hatten. Lothar Winter steckte den Schlüssel in das Vorhängeschloss. »Mist! Zugefroren! Was machen wir denn jetzt?«

Aber Carla konnte Abhilfe schaffen und zog ein Feuerzeug aus der Jackentasche. »Wir haben doch gesagt, wir haben an alles gedacht. Ein Feuerzeug gehört zur Grundausrüstung. Weiß doch jeder Polarforscher, würde ich mal behaupten.« Mit der Flamme wärmte sie das Vorhängeschloss auf. Auf dem Metall schmolzen die Eiskristalle zu kleinen Tröpfchen. Jetzt glitt der Schlüssel hinein wie in Butter und der Metallbügel sprang mit

einem leisen Klacken auf. Carla hielt ihrem Vater die flache Hand hin, Lothar Winter schlug ein.

»Nicht auszudenken, ich wäre ohne euch aufgebrochen. Dann würde ich jetzt völlig hilflos hier vor dem Tor stehen«, gab er zu.

Jetzt ließ es sich öffnen. Samuel und sein Vater mussten kräftig gegen das Tor drücken, um es so weit durch den Schnee schieben zu können, dass sie den Schlitten hindurchbugsieren konnten. Der Eingang des Tierheims Tannenhof selbst lag zum Glück geschützt hinter einem Windfang, sodass sie sich nicht erst durch einen Berg von Schnee kämpfen mussten, um die Tür zu öffnen, die mit einer Weihnachtsgirlande festlich geschmückt war.

Samuel jedoch hatte noch eine ganz andere Befürchtung. Schnell huschte er als Erster durch den Türspalt und drückte eilig auf den Lichtschalter. Die Lampen gingen an. »Boah, ein Glück. Ich hatte echt Schiss, dass hier auch der Strom ausgefallen ist.«

»Da sagst du was.« Der Vater schälte sich aus der dicken Jacke und warf diese auf den Bürostuhl hinter der Empfangstheke. »Das wäre wirklich übel. Dann würde die Heizung nicht funktionieren und wir hätten nicht mal Trinkwasser für die Tiere, weil die Pumpe mit Strom läuft.«

»Dann sollten wir aber nachher für alle Fälle mal Wasser abzapfen«, sagte Carla, die sich daran erinnerte, was im Radio durchgegeben worden war: Es konnte noch zu weiteren heftigen Schneefällen kommen. Sie schickte Esther eine Nachricht. *Heil angekommen. Rettungsteam klar zum Einsatz in der Polarstation Tannenhof.*

Aus der inneren Zwingeranlage war schon lautes Gekläffe zu hören. Die Hunde hatten natürlich längst mitbekommen, dass jemand gekommen war, und schlugen Alarm.

Lothar Winter warf einen hektischen Blick auf die Uhr und gab den Kindern klare Anweisungen. »Das Wichtigste ist jetzt, dass alle Tiere ihr Futter bekommen, alles andere kann warten. Samuel, kümmerst du dich um die Hunde? Dann gehe ich zuerst zu den Kleintieren und danach in die Quarantänestation.«

Er zeigte seinem Sohn die Liste, auf der genau verzeichnet war, welcher Hund wie viel von welchem Futter bekam. Zum Glück befanden sich gerade nicht allzu viele Hunde im Tierheim.

»Zu Bonzo darfst du auf keinen Fall in den Zwinger reingehen, mit dem ist nicht zu spaßen«, warnte Lothar Winter. »Den fütterst du nur über den Schieber, klar?«

»Aye, aye, Käpt'n«, antwortete Samuel. »Ich weiß Bescheid. Dann hole ich mal das Fresschen für Schnipsel vom Schlitten.«

Natürlich würde die große Katzenliebhaberin Carla die Samtpfoten füttern, das war vollkommen klar. Sie hatte schon öfter im Tierheim mit angepackt und wusste, was zu tun war. Die Mini-Tiger saßen bereits hinter den Türen der Katzenräume und maunzten ungeduldig. »Schon gut, ich bin ja jetzt da«, sagte Carla lachend. »Wie ich sehe, ist noch keine von euch verhungert.«

Die Katzen stürzten sich auf das Futter. Aber Carla wusste, dass da auch ein paar scheue Exemplare noch irgendwo in den Höhlen hockten. Für sie gab es Extraschälchen. Carla schüttete noch Trockenfutter in die Näpfe, füllte die Wasserschälchen auf und schaufelte mit einer Spezialschüppe die Hinterlassenschaften aus den Katzenklos. »Pause!«, entschied sie seufzend und ließ sich auf dem Boden nieder. Sofort kamen ein paar kleinere Kätzchen herbei, um mit ihr zu spielen. Ein zierlicher schwarzer Kater kringelte sich auf ihren Schoß und schlief sogleich ein. Eins ist sicher, dachte Carla. Diese Expedition artet in echte Arbeit aus.

Werden Carla, Samuel und ihr Vater den Einsatz ohne Zwischenfälle zu Ende bringen?
Lies morgen weiter.

5. Dezember

Trügerische Stille

Eine seltsame Ruhe kehrte ein. Die Katzen waren jetzt satt und spielten friedlich oder schliefen. Von draußen drang kein Laut herein. Wo sonst um diese Zeit im Empfang und auf den Gängen geschäftiges Treiben herrschte, war nun alles ganz still.

Carla streichelte über das weiche Fell des kleinen Katers, der sofort anfing zu schnurren. Trügerische Stille, dieser Begriff kam Carla plötzlich in den Sinn.

Sie musste an den weiten und anstrengenden Weg zum Tierheim denken, die zugeschneiten Straßen ... Wenn jetzt etwas passierte, wäre das richtig übel. Bedrückend war das plötzlich. Und sie mussten ja auch irgendwann wieder zurück. Doch sie wischte den Gedanken fort und setzte das Kätzchen vorsichtig in eins der Kuschelkörbchen. Angenehmer Duft drang zu ihr herüber. Ihr Vater hatte in der Personalküche Kaffee gekocht. Jetzt erst merkte Carla, wie erschöpft sie war und dass sie großen Hunger hatte. Der Tee, den ihr Vater für sie aufgegossen hatte, tat gut. Lothar Winter lehnte an der Anrichte, schlürfte den heißen Kaffee und biss in eins der Brote. »Puh, das ist doch mehr Arbeit, als ich gedacht hatte. Wirklich gut, dass ihr mitgekommen seid«, gab er zu. »Und noch ist viel zu tun. Ich muss in der Katzen-Quarantäne noch die Medikamente verabreichen. Da sind ein paar Krawallbrüder dabei. Das wird noch lustig.«

»Apropos Krawallbrüder, wo steckt denn Samuel? Wollte der keine Pause machen?« Carla futterte inzwischen den dritten Schokoriegel, den sie sich vom Nikolausteller gemopst hatte. Sie hatte das Gefühl, dass sie das süße Zeug gerade sehr dringend als Energielieferanten brauchte.

»Doch, der kommt, der wollte unbedingt noch eben einen Zwinger sauber machen, in dem so viele Hundehaufen waren«, antwortete der Vater mit vollem Mund. »So ein Mist, dass wir die Hunde nicht mal in den Hof lassen können. Auf jeden Fall werden wir früh noch mal füttern, damit wir so halbwegs im Hellen noch nach Hause stiefeln können.«

In diesem Moment war ein ohrenbetäubendes Scheppern aus der Hundehalle zu hören, gefolgt von einem lauten Schrei. Wenige Sekunden später stand ein Hund schwanzwedelnd vor der offenen Küchentür. Schnipsel.

»What?« Carla stellte den Teebecher ab und rannte hinter ihrem Vater her nach hinten in die Hundehalle. Ihr gingen dabei allerlei Horrorszenarien durch den Kopf. Samuel mit blutender Bisswunde, Samuel mit gebrochenem Bein, Samuel mit einer Platzwunde am Kopf. Der Rettungswagen kann sich nicht durch die Schneemassen kämpfen …

Beim Näherkommen hörten sie ein gequältes Jammern. Samuel lag in Schnipsels Zwinger auf dem Rücken inmitten von verstreutem Trockenfutter und streckte Arme und Beine wie ein Krabbelkäfer in die Höhe.

»Samuel, um Himmels willen, was ist passiert?« Lothar Winter eilte durch die offen stehende Tür, dicht gefolgt von Carla. Und von Schnipsel.

Carla erkannte es als Erste. Die seltsamen Laute, die sie hörten, waren gar kein Schmerzgejammer. Samuel kicherte!

»Nix passiert, Lolo«, versicherte er und drehte sich über die Seite auf die Knie. »Der Schnipsel hat sich so gefreut. Der hat mich glatt umgerempelt und dabei sind mir die Fressnäpfe aus der Hand gefallen. Ich war gerade dabei, sie einzusammeln. Ich hoffe nur, dass ich nicht in einem Hundehaufen gelandet bin.« Samuel stand auf und drehte Carla den Rücken zu. »Guck mal, ist da was?«

»Ihhh!«, machte Carla. »Ja, hier, deine Hose ist total voll.«

»Echt? Mist!«, fluchte Samuel.

»Lass dich nicht von deiner Schwester vergackeiern«, beruhigte ihn der Vater. »Da klebt nur Hundefutter.«

»Ich hab doch nur gesagt, die Hose ist total voll. Von Hundekacke hab ich nichts gesagt.« Carla tat ganz unschuldig.

Samuel streckte ihr die Zunge raus, während er sich die Hose abklopfte. »Dem Schnipsel ist, glaub ich, irre langweilig. Der hat hier schon sein Futter durch den Zwinger gekickt und sein Körbchen umdekoriert. Der braucht dringend Abwechslung.«

»Du kannst ihn ja mit in die Küche nehmen, solange wir Pause machen, aber danach haben wir noch ein bisschen was zu tun«, sagte der Vater. »Wir sollten nicht zu viel Zeit verlieren. Der Rückweg wird anstrengend und es wird früh dunkel.«

Nachdem sie sich in der Personalküche gestärkt hatten, brachte Samuel den schwarz-weißen Mischling wieder in seinen Zwinger. Er beeilte sich mit den letzten Reinigungsarbeiten. Lothar Winter verteilte in der Quarantäne Medikamente. Carla tauschte bei den Katzen noch ein paar Kuscheldecken aus und dann fütterten sie alle Tiere noch einmal. Das musste bis zum nächsten Morgen reichen. Und obwohl Lothar Winter zufrieden feststellte, dass die »Krawallbrüder« bei der Medikamentengabe gar keinen Krawall gemacht hatten, hatte die ganze Aktion doch länger gedauert als geplant.

Carla spürte inzwischen jeden Muskel. Morgen maunzt bestimmt der Muskelkater, dachte sie erschöpft, als sie die Tür zur Katzenabteilung hinter sich schloss. Aber sie war auch unheimlich zufrieden und stolz auf das, was sie heute geschafft hatte. In Gedanken kauerte sie schon zu Hause auf dem gemütlichen Sofa, in die Mohairdecke gekuschelt und mit einem Becher heißem Kakao in den Händen und Floyd auf dem Schoß. Bestimmt würde der Vater noch den Kamin anmachen.

Als sie zu ihrem Vater ins Büro kam, blieb ihr Blick an einem kleinen Kissen hängen, das auf einem der Stühle lag. *Du sollst den Tag nicht vor dem Abend loben,* war mit Kreuzstich daraufgestickt. Wobei sich bei dem Wort »Tag« ein Faden gelöst hatte. Es stand dort nur noch *Ta.*

»Alles klar, wir sind für heute fertig, Rudolph«, gab Lothar

Winter dem Tierheimleiter per Handy durch. »Die Kids haben echt prima geholfen. Nein, keine besonderen Vorkommnisse. Wir machen jetzt hier das Licht aus und sehen zu, dass wir nach Hause kommen. Ja, ich hoffe auch, dass die Straßen morgen früh so weit geräumt sind, dass ihr durchkommt.«

Wenn man konzentriert arbeitet, bekommt man manchmal gar nicht mit, was um einen herum noch passiert. Und genau so erging es Carla, Samuel und ihrem Vater. Dass es nun doch schon stockdunkel war, hatten sie bereits gemerkt, als sie in allen Bereichen des Tierheims das Licht löschten. Alle Tiere hatten sich in ihre Kojen, Körbchen und Höhlen zurückgezogen und es war Ruhe eingekehrt.

»Gut, dass ich die Halogen-Taschenlampe eingepackt habe«, sagte Samuel. »Die ist viel stärker als die Lampen an den Handys.«

In ihre warmen Jacken eingemummelt, die Mützen in die Stirn gezogen und die Schals eng um den Hals geschlungen, standen die drei im Empfangsbereich, startklar für den Heimweg durch den tiefen Schnee und die Dunkelheit. »Den Schlitten lassen wir hier«, entschied Lothar Winter. »Ohne den kommen wir besser voran. Den nehme ich dann beim nächsten Mal mit dem Auto mit.«

»Okay.« Carla öffnete die Tür.

»Ach, du heiliger Spekulatius!« Samuel hielt sich die behandschuhten Hände vors Gesicht. »Sagt mir bitte, dass das nicht wahr ist!«

Der Vater wagte sich vor die Tür. »Doch, mein lieber Sohn, ich befürchte, es ist wahr.«

Welche Überraschung erwartet die drei vor der Tür?
Lies morgen weiter.

6. Dezember

Der Plan geht nicht auf

Heftiges Schneetreiben hatte eingesetzt. Obwohl der Vater nur wenige Schritte durch den Schnee gestapft war, konnten die Kinder ihn kaum noch sehen. »Ich geh mal bis zum Weg rauf und check die Lage«, sagte er. Schweigend sahen die Geschwister ihm nach, schon bald war er nicht mehr zu erkennen. Carla streckte den Arm aus. Die weißen Flocken schmolzen auf der Handfläche. Sie sahen so harmlos aus wie winzige plüschige Insekten, dachte sie, und dennoch legten sie die Welt komplett lahm. Carla hatte von Anfang an kein gutes Gefühl gehabt und jetzt gab es die Bestätigung. War ja klar, dass noch irgendetwas hatte passieren müssen. »Das wird ein abenteuerlicher Rückweg«, sagte Carla leise.

»Das wird wohl eher gar kein Rückweg«, antwortete da Lothar Winters Stimme aus dem Schneegestöber. »Das hat überhaupt keinen Zweck. Viel zu mühsam. Oben am Weg liegt der Schnee noch höher.«

»Aber was machen wir denn jetzt?«, fragte Samuel mit gequälter Stimme.

Der Vater trat durch die Tür und zupfte sich die Handschuhe von den Händen und die Mütze vom Kopf. »Wir haben nur zwei Möglichkeiten«, antwortete er. »Entweder, wir warten noch eine Weile und hoffen, dass es zumindest aufhört zu schneien.«

»Oder?«, hakte Samuel nach. »Was ist die andere Möglichkeit?«

»Ist doch klar«, raunte Carla, ohne den Blick vom Display ihres Handys zu wenden, auf dem sie das Wetterradar studierte. »Übernachtung im Tierheim!« Sie hielt ihrem Bruder das Handy vor die Nase. Jetzt war es Gewissheit, die heftigen Schneefälle würden so schnell nicht aufhören. Es war also so gut wie unmöglich, nach Hause zu kommen, und auch am nächsten

Morgen würden die Chancen für die Mitarbeiter schlecht sein, das Tierheim zu erreichen.

»Ich rufe direkt Esther an«, sagte Carla. »Sie weiß, wo unser Notfallschlüssel versteckt ist. Sie muss Floyd füttern.«

»Und wer füttert *mich?*«, jammerte Samuel. »Ich könnte eine XXL-Pizza verdrücken.«

Lothar Winter lachte. »Du kannst ja mal beim Lieferservice anrufen, vielleicht sind die neuerdings mit Schnee-Scootern ausgestattet.«

Samuel warf einen skeptischen Blick in den Rucksack. »Hätten wir doch mehr Proviant eingepackt!« Er hielt sich besorgt die Hand vor den Mund. »Nicht, dass du meinst, wir könnten uns eine Dose Hundefutter aufmachen, Lolo.«

Der Vater schaute in einen der Küchenschränke. »Kein Problem, Leute, hier ist noch jede Menge Süßkram. Verhungern können wir schon mal nicht. Ah, und hier steht eine Dose Linsensuppe. Linsensuppe mit Spekulatius! Das ist fast so gut wie Pizza.«

»Und wo sollen wir überhaupt pennen?«, nörgelte Samuel weiter. Doch Carla tippte ihm an die Stirn. »Mann, sei doch nicht so unflexibel. Das Wäschelager ist voll mit Decken und Matten für die Tiere. Da wird sich schon was finden.«

Carla zog sich die Kapuze ihres Winteranoraks über die Mütze und trat vor die Tür, um Esther anzurufen. Draußen war der Empfang etwas besser. »Esther? Hier Polarstation Tierheim. Hör zu, wir kommen hier nicht weg, du musst zu uns rüber und Floyd füttern. Du weißt doch, wo unser Notschlüssel versteckt ist?«

Esther versprach, sich zu kümmern. »Es ist irre hier im Ort«, sagte sie. »Kein Auto unterwegs, kaum ein Mensch draußen. Ein bisschen spooky ist das, aber auch echt schön.«

Als würde die Welt eine Verschnaufpause machen, dachte Carla, als sie aufgelegt hatte. Sie horchte in die Dunkelheit. Der Schnee hatte die Welt zum Schweigen gebracht. Nein, nicht

ganz. Irgendwo in der Ferne schickte plötzlich eine Krähe ihre Rufe über das Feld. Es hörte sich an, als wollte sie sich über irgendetwas beschweren. Plötzlich fand Carla den Gedanken, die Nacht im Tierheim zu verbringen, total spannend.

Samuel und sein Vater schleppten aus dem Wäschelager dicke Matten und Decken ins Büro. »Kein Luxus, aber für eine Nacht wird es wohl reichen«, kommentierte Lothar Winter. »Da hab ich alter Pfadfinder früher schon unbequemer gecampt.«

Samuel hatte sogar ein großes gepolstertes Hundebett gefunden. »Da hätte ein mittelprächtiges Schaf drin Platz. Perfekt! Passt außerdem genau unter den Schreibtisch.«

Den Abend verbrachten sie mit Kartenspielen und rockiger Weihnachtsmusik aus Samuels Smartphone. So richtig satt geworden waren sie von der einen Dose Suppe nicht, aber die restlichen Brote wollten sie fürs Frühstück zurückhalten. Also schlugen sie sich den Bauch mit heißem Tee und Weihnachtsplätzchen voll, bis Carla kapitulierte. »Mir ist schlecht, ich geh schlafen.« Es war ordentlich eng, als sie endlich im Büro in ihren Kojen lagen. Durch die defekte Jalousie konnten sie sehen, dass es noch immer schneite.

»Was für ein verrückter Tag«, flüsterte Samuel, der sich in das Hundebett unter dem Schreibtisch gekuschelt hatte. Der Vater schnarchte bereits.

»Kann man wohl sagen«, erwiderte Carla leise. »Und wenn ich mir das Gesäge von Lolo so anhöre, dann wird die Nacht ebenso verrückt. Wer soll denn dabei schlafen können?«

»Na, Lolo«, kicherte Samuel.

Carla schnupperte. »Riechst du das?«

»Yes«, erwiderte Samuel gähnend. »Lolos Füße.«

»Oh Mann«, stöhnte Carla, aber von Samuel kam schon keine Reaktion mehr. Sie beneidete ihn um diese Gabe, immer und überall problemlos schlafen zu können. Als kleiner Junge war er einmal sogar auf einer Lautsprecherbox eingeschlafen, aus der Musik dröhnte. Die Decke, in die sich Carla gewickelt hatte, kratzte wie Lolos Kinn, wenn er sich zwei Tage nicht rasiert hatte. Sie sehnte sich nach Floyd mit seinem flauschigen Fell. Carla drehte sich von einer Seite auf die andere. Schließlich nahm sie ihr Smartphone und versuchte, sich mit einer Runde Sudoku müde zu machen. Endlich, nach einer gefühlten Ewigkeit, erlöste der Schlaf sie von Schnarchgeräuschen und Schweißfußgerüchen und Kratzgefühlen und nahm sie mit in wilde Träume. Katzen sprangen durch den Schnee, Hunde jagten einer Krähe hinterher und bellten sie an. Sie wurden immer lauter und lauter. Plötzlich ein Schrei. Carlas Herz raste, als sie aus dem Schlaf hochschreckte. Ich hab nur geträumt, versuchte sie, sich zu beruhigen. Bis ihr klar wurde, dass da tatsächlich jemand geschrien hatte, nämlich Samuel. Dicht neben ihr.

Und die Hunde bellten.

»Au, verdammte Hacke!« Samuel war mit dem Kopf unter die Tischplatte geknallt. »Mist, das gibt 'ne fette Beule.«

Carla suchte hektisch nach ihrem Smartphone. Die Uhr auf dem Display zeigte drei Uhr. Aber von »stiller Nacht« konnte keine Rede sein.

»Darf ich fragen, was hier los ist?«, maulte Lothar Winter verschlafen.

»Die Hunde feiern 'ne Weihnachtsparty, Lolo. Oder hörst du das nicht?« Samuel rieb sich den schmerzenden Schädel. »In dem Fall solltest du dir dringend die Ohren sauber machen.«

Der Vater wickelte sich mühsam aus seinem Wolldeckenknäuel. »Ich geh mal nachgucken. Bestimmt ist da nur irgendwo 'ne Maus im Zwinger unterwegs. Fängt ein Hund an zu bellen, bellen sie alle. Kennt man ja.«

Ist bei den Hunden etwas passiert?
  Lies morgen weiter.

7. Dezember

Der Weihnachtstroll

Im Licht seiner Smartphone-Lampe war Lothar Winter durch die Tür verschwunden. Carla huschte hinterher. Samuel war eigentlich viel zu müde, um sein kuscheliges Hundebett zu verlassen, aber der Gedanke, hier allein zurückzubleiben und womöglich Opfer von heimtückischen Mäusen zu werden, beunruhigte ihn. Nicht nur einmal hatten die Mitarbeiter des Tierheims von den Mäusen erzählt, die sich gern zum Futterlager durch die Isolierung fraßen, um dort die Futtersäcke anzuknabbern und den Inhalt zu verspeisen. Ja, sogar von Ratten war einmal die Rede gewesen. Wer konnte ihm garantieren, dass die nicht auch mal einen Ausflug ins Büro wagten? In dem Fall wollte er wenigstens nicht allein sein. »Wartet!«, zischte er.

»Hast wohl Schiss allein«, frotzelte Carla.

»Nicht die Spur.« Samuel tat gelassener, als ihm zumute war.

Carla schoss mit erhobenen Armen auf ihren Bruder zu. »Uah, im dunklen Tierheim ist ein Schneemensch unterwegs!«

»Lass mich mal durch, du Hilfs-Yeti.« Samuel schob Carla genervt zur Seite. In den Ecken lauerten Schatten. Versteckte sich da vielleicht irgendwo jemand? Ein Einbrecher? Jemand, der Schutz vor dem Schneesturm suchte? Aber es waren nur Besen, Müllgefäße, der Hochdruckreiniger. Doch irgendetwas musste die Hunde aufgescheucht haben!

»Das große Licht bleibt aus!«, entschied der Vater.

Lothar Winter leuchtete in jeden einzelnen Zwinger hinein. Einige Hunde sprangen aufgeregt kläffend gegen die Gitter, andere aber schienen sich nicht aus der Ruhe bringen zu lassen und lagen brav in ihren Körbchen. Schnipsel wedelte mit dem ganzen Hundepopo und Zulema im vorletzten Zwinger jankte herzerweichend.

»Ich kann nichts Auffälliges entdecken«, stellte Lothar Winter schließlich fest. »Vielleicht haben sie auch nur irgendein Geräusch von draußen gehört. Eine Schneelawine vom Dach oder so. Ihr wisst ja, wenn einer bellt, dann …«

»… bellen sie alle«, vollendete Carla den Satz und gähnte. Eine große Müdigkeit überkam sie. »Leute, irgendwas drückt gnadenlos von oben auf meine Augenlider. Ich geh wieder pennen.« Sie zückte ihr eigenes Handy und lief vorweg. So war sie als Erste zurück im Büro und Samuel bekam nicht mit, dass sie seine und ihre Wolldecke austauschte. Eine halbe Nacht mit dieser Schmirgelpapierdecke war mehr als genug gewesen!

Schon bald kehrte wieder Ruhe ein, sogar der Vater schnarchte nun etwas leiser. Carla versuchte, sich nicht auf den Schweißfußgeruch zu konzentrieren. Und Samuel versuchte, nicht an Mäuse zu denken. Die nächtliche Hundeparty hatten sie schnell vergessen. Nur hin und wieder war von weit hinten das leise Fiepen von Zulema zu hören.

Die Räder ratterten über den Betonboden, als Samuel am nächsten Morgen den Wagen mit den Futternäpfen durch die Hundehalle schob. Vor jedem Zwinger machte er halt, begrüßte die Hunde und stellte die Näpfe auf den Boden. Nur Bonzo bekam sein Futter wie immer durch den Schieber. An den Türen der Zwinger hingen Schilder mit allen wichtigen Informationen zu den jeweiligen Hunden. Ob sie Spezialfutter brauchten, zum Beispiel, oder einen Maulkorb tragen mussten. Zog ein Hund aus, wurde das Schild entfernt.

Langsam habe ich richtig Übung, dachte Samuel, dem das Füttern nun viel schneller von der Hand ging. Daran, dass Rudolph und die anderen Tierpfleger zum Tierheim kamen, war auch jetzt nicht zu denken. Die Nacht hatte enorm viel Neuschnee gebracht.

Samuel fröstelte. Er griff sich eine grüne Fleece-Jacke vom Haken, die ein Mitarbeiter dort hängen gelassen hatte. Hatte es in der Hundehalle gestern auch schon so gezogen?

Als Samuel zum vorletzten Zwinger kam, fiepte und jankte Zulema noch immer. Die schwarze Mischlingshündin saß aufrecht in ihrem Korb und sah Samuel aus ihren dunklen Knopfaugen an.

Samuel streichelte ihr über das samtweiche Fell. »Was hast du denn?«, fragte er, wohl wissend, dass ihm die Hündin nicht antworten würde. Er holte ihren Fressnapf vom Wagen und stutzte. Da standen noch drei weitere Näpfe, zwei für die beiden Hunde im letzten Zwinger und einer … Verwirrt sah Samuel den Gang hinunter. Hatte er einen Hund vergessen? Nein, sicher nicht. Plötzlich wurde ihm ganz heiß und kalt. Sein Blick fiel auf die Schilder von Zulemas Zwinger. Wieso hingen da zwei? Instinktiv fasste er sich an die Stirn, wo sich inzwischen eine ordentliche Beule gebildet hatte. War er nicht mehr ganz bei Sinnen?

Samuel sprintete los. Er fand Carla in der Futterküche. »Komm mal ganz schnell mit!«

»Was ist denn?«, maulte Carla genervt. »Ich muss noch die Näpfe von den Katzen spülen.«

Aber Samuel packte seine Schwester am Ärmel und zog sie mit zu Zulemas Zwinger. »Sag mal, bin ich jetzt total plemplem oder siehst du das auch?«

Carla musste einen Moment überlegen, bis ihr klar war, was Samuel meinte. »An der Tür hängen zwei Schilder, aber im Zwinger sitzt nur ein Hund!« Carla tippte auf das zweite Schild. »Wo ist denn der Troll? War der denn gestern noch da?«

Samuel zuckte die Schultern. »Ehrlich, Carla? Ich weiß es nicht mehr hundertprozentig. Das war gestern alles so viel. Aber ich bin mir ziemlich sicher, dass da gestern noch zwei Hunde drinsaßen.«

»Vielleicht ist Troll vermittelt worden und Rudolph hat vorgestern Abend vergessen, das Schild abzumachen«, sagte Carla.

»Kann sein, kann nicht sein«, jammerte Samuel. »Aber hätte ich dann gestern nicht auch einen Napf zu viel haben müssen?«

»Erst mal die Ruhe bewahren«, mahnte Lothar Winter wenig später. »Vielleicht klärt sich alles auf. Aber du hast recht, es war alles zu viel, ich bin tatsächlich gerade selbst überfragt, ob der Troll gestern noch mit Zulema zusammensaß oder nicht. Es wäre allerdings ungewöhnlich für Rudolph, dass er vergisst, ein Schild abzunehmen.« Der Vater wandte sich an Samuel. »Und du bist sicher, dass du den Zwinger nach dem Füttern richtig zugemacht hast?«

Als Antwort warf Samuel ihm einen vorwurfsvollen Blick zu. »Ich hätte doch sonst gestern auch einen Napf zu viel gehabt.«

»Ruf den Rudolph doch einfach an«, schlug Carla vor. Sie fühlte nach dem Heizkörper. Auch sie fand es heute ungewöhnlich zugig in der Hundehalle.

»Erst mal nicht«, erwiderte der Vater. »Ich will ihn nicht beunruhigen. Ich hab da eine andere Idee.« Lothar Winter fuhr im Büro den Computer hoch. »Das wird ja alles dokumentiert. Sollte der Troll vorgestern Abend noch in sein neues Zuhause umgezogen sein, dann stände das hier drin.«

Gebannt starrten Samuel und Carla auf den Bildschirm. Es dauerte eine Weile, bis der Computer hochgefahren war und der Vater das richtige Programm gefunden hatte. Er klickte sich durch die entsprechende Maske und musste ein bisschen suchen. »Hm, mal schauen, wo haben wir denn den Troll?« Plötzlich gab es einen sirrenden Laut und der Monitor wurde schwarz.

Was ist passiert? Und wo steckt Troll?
  Lies morgen weiter.

8. Dezember

Das Krimi-Monster

Nervös trommelte Lothar Winter auf den Tasten herum. »Nanu!«

Samuel beugte sich hinunter. »Da kannst du noch so lange auf die Tasten hauen, Lolo, der Rechner ist ausgegangen.«

»Samuel, probier mal, ob das Licht angeht«, sagte der Vater.

Samuel drückte auf den Schalter. »Nichts!«

Der Vater sprang auf und eilte zum Sicherungskasten. Resigniert ließ er die Schultern hängen. »Alle Sicherungen sind drinnen. Das muss was Größeres sein. Auch das noch.«

»Sagt mir jetzt bitte, dass es nicht das ist, was ich vermute!«, stöhnte Carla.

Samuel warf einen besorgten Blick auf sein Handy. »Verdammt! Hätte ich es mal heute Nacht noch aufgeladen. Hab gestern beim Füttern so viel Musik gehört, und dann abends noch die Mucke beim Kartenspielen. Der Akku ist nur noch ein Viertel voll.«

Auch Carla checkte ihr Gerät. »Halb voll. Mist, hätte ich mal meine Power-Bank mitgenommen.«

Der Vater zückte ebenfalls sein Smartphone. »Also, seid sparsam. Wir wissen nicht, wie lange der Strom wegbleibt.«

Samuel machte ein Gesicht, als hätte er hemmungslos in eine Zitrone gebissen. »Ich fass dann mal zusammen: Wir sitzen hier fest und wir haben keinen Strom. Wir wissen nicht, wann der Strom wiederkommt, und wir wissen nicht, wann die Straßen wieder frei sind. Wie gut, dass wir gestern noch dran gedacht haben, Wasser abzufüllen. Es wird dann aber gleich auch verdammt kalt werden. Die Heizungsanlage braucht Strom.«

»Du hast die Sache mit Troll vergessen«, erinnerte Carla.

Der Vater seufzte laut. »Dann muss ich jetzt doch mal mit Rudolph telefonieren.« Mit dem Handy am Ohr ging er ins

Büro zurück, um ungestört mit dem Tierheimleiter sprechen zu können.

Carla tippte Samuel mit dem Finger auf die Brust. »Und wir müssen suchen.«

»Und ich weiß auch schon, wie.« Samuel machte ein wichtiges Gesicht. »Wir sollten da jetzt ganz professionell vorgehen. Man nennt mich nicht umsonst das Krimi-Monster. Komm mit!«

Kurz darauf saß Zulema mit bedröppelter Miene mitten im Zwinger. Samuel zog ein wenig an der knallroten Leine. »Komm, Zulema! Such den Troll!«

Aber die Hündin sah ihn nur leicht verzweifelt an und bewegte sich nicht von der Stelle. »Komisch«, sagte Samuel. »In Filmen klappt so was immer. Dieser Hund hier funktioniert nicht.«

Carla schüttelte lachend den Kopf. »Woher soll die auch wissen, was du von ihr willst?«

»Aber die hat die ganze Zeit gejankt, weil der Troll nicht mehr da ist«, protestierte Samuel. »Jetzt hätte sie *die* Chance, ihn zu suchen.« Plötzlich sprang die schwarze Hündin doch auf, lief zielstrebig den Gang hinunter und zog kräftig an der Leine. »Ha!«, rief Samuel. »Ich sag doch, das geht! Da, sie will durch die Tür. Da lang führt die Spur!«

Carla hatte so eine Ahnung, warum Zulema genau durch diese Tür wollte, aber sie sagte erst mal nichts. Und sie klatschte sich lachend auf die Oberschenkel, als die Hündin in der Futterküche vor der Tonne mit dem Trockenfutter stehen blieb und aufgeregt schnüffelte. »Kannste knicken, deinen Plan. Die Hündin ist auf nichts anderes programmiert als auf Futter.«

In dem Moment meldete sich Carlas Handy. Esthers grinsendes Gesicht erschien auf dem Bildschirm. »Hier Heimat an Polarstation!«, tönte es aus dem Lautsprecher. »Floyd ist versorgt. Wie ist die Lage bei euch?«

»Wir sind weiterhin eingeschneit und nicht nur der Strom

ist weg, sondern auch noch der Hund Troll, aber ansonsten geht's uns gut«, fasste Carla zusammen. »Das heißt, Samuel leidet unter Pizza-Entzug.«

»Hä?«, machte Esther. »Ich hab gerade tatsächlich verstanden, der Hund Troll ist weg.«

»Ist er ja auch«, erwiderte Carla. »Du, ich muss mich kurzfassen, ich darf nicht so viel Akkuladung verbrauchen. Danke, dass du dich um Floyd kümmerst.«

»Was heißt denn, der Troll ist weg?«, hakte Esther dennoch nach. Akkuladung hin, Akkuladung her, so schnell ließ sie sich nicht abspeisen. »Ist der euch abgehauen?«

»Nein, wir wissen auch nicht, wo der steckt«, antwortete Carla ungeduldig. »Gestern Abend ist er wohl noch im Zwinger rumgeturnt und heute Morgen war er weg.«

»Verstehe ich nicht«, sagte Esther.

»Ich auch nicht«, sagte Carla.

»Ich auch nicht«, sagte Samuel, der mitgehört hatte.

»Heute Nacht war hier zwischendurch Hundedisco, da muss er es irgendwie aus dem Zwinger geschafft haben«, mutmaßte Carla. »Aber so richtig erklären können wir uns das nicht.«

»Halt mich auf dem Laufenden«, bat Esther. Carla versprach es. Als sie Zulema zurückbrachten, kam ihnen auf dem Gang der Vater entgegen. An seiner Miene war schon abzulesen, dass es keine guten Nachrichten gab.

»Lolo, du siehst aus wie ein Eichhörnchen, das sein Nussversteck nicht wiederfindet«, sagte Samuel.

»Danke, ich hab keine Puschelohren«, knurrte Lothar Winter und fuhr sich mit der Hand nervös durch die Haare. »Es ist, wie ich es befürchtet habe. Troll war vorgestern Abend definitiv noch im Zwinger. Er ist nicht vermittelt worden.«

»Hä?«, machte Carla. »Aber so ein Hund löst sich doch nicht einfach in Luft auf!«

»Er verliert nur manchmal Luft.« Samuel hielt sich albern die Nase zu. Carla stieß ihm den Ellenbogen in die Seite. »Lass das, du Witzbold. Die Lage ist ernst.« Sie studierte eingehend Trolls Infoschild. *Setter-Mix, braun, lieb, aber sehr ängstlich. Beim Spaziergang doppelt sichern,* stand da unter anderem.

»Anfang der Woche kriegt er Besuch von Leuten, die ihn vielleicht adoptieren wollen. Die kommen extra von weiter her«, sagte Lothar Winter, seufzte und ging zurück ins Büro.

Samuel kratzte sich an der Schläfe. »Wenn der Troll so ein Schisser ist, dann hat der sich bestimmt irgendwo verkrochen. Wir müssen alles sehr gründlich absuchen. Die Lampen von den Handys lassen wir aus, kostet zu viel Akkuleistung. Ich hole am besten meine Taschenlampe, da sind neue Batterien drin. Wie gut, dass ich dran gedacht habe, die einzustecken. Man nennt mich ja auch …«

»… das Krimi-Monster«, vollendete Carla den Satz.

Durch die Fenster des Tierheimgebäudes drang nur spärliches Winterlicht. Es gab eine Vielzahl von dunklen Ecken und Nischen, und was die Geschwister im Schein der Taschenlampe alles entdeckten, war nicht immer erfreulich.

»Alter!«, stöhnte Samuel. Neben einem Metallspind im Futterlager lag eine mumifizierte Maus.

»Igitt!«, rief Carla. Offenbar hatte niemand mitbekommen, dass eine offene Futterdose von einer Anrichte gefallen war, die jetzt dort vor sich hin gammelte.

»Mega!«, staunte Samuel über ein gigantisches Spinnennetz.

Und tatsächlich hatten die Mäuse im Futterlager einen Sack mit Trockenfutter aufgeknabbert und die kleinen braunen Futterkügelchen hatten sich nicht nur über das Regalbrett, sondern auch hinter dem Regal auf den Boden ergossen.

Doch von Troll fehlte weiter jede Spur.

Werden Carla und Samuel Troll finden?
Lies morgen weiter.

9. Dezember

Esther schaltet sich ein

Esther fuhr ihren Laptop hoch, um sich von der Lage ein Bild zu machen. Eigentlich wollte sie noch ein wenig für das Krippenspiel üben, das traditionell am letzten Tag vor den Weihnachtsferien in der Schule aufgeführt wurde. In diesem Jahr führten sie ein ganz besonderes Stück mit dem Titel *Die vier heiligen drei Könige* auf und sie hatte die Rolle des vierten Königs ergattert. Doch schließlich musste ihre beste Freundin mit der Akkuladung haushalten, also würde sie ein wenig Recherchearbeit für sie übernehmen. Zuallererst wollte sie herausfinden, was es mit dem Stromausfall auf sich hatte. Das allerdings war schnell erledigt. Auf der Internetseite des Lokalradios fand sie alle Informationen, die sie brauchte.

»Oh, oh«, murmelte sie vor sich hin. Der Stromversorger sprach von einem *Schaden größeren Ausmaßes*. Die gesamte Bauerschaft war von der Beschädigung einer Überlandleitung betroffen, und da die Schadensstelle wegen der Schneemassen schwer zugänglich war, konnte nicht ausgeschlossen werden, dass es noch bis zum nächsten Tag dauern konnte, bis der Schaden behoben und die Haushalte wieder mit Strom versorgt waren. Esther hob das Handy an den Mund und nahm für Carla eine Sprachnachricht auf.

»Was brabbelst du da vor dich hin?« Plötzlich stand Jonathan, Esthers jüngerer Bruder, im Zimmer. Er ging mit Samuel in dieselbe Klasse.

Esther erklärte ihm die Lage. »Die sitzen also ohne Strom im Tierheim fest«, endete sie. »Dann muss ich mich halt noch weiter um Floyd kümmern.«

»Hm, aber die Sache mit dem verschwundenen Hund verstehe ich nicht«, sagte Jonathan.

»Die versteht momentan keiner«, erwiderte Esther.

»Ich meine, wenn der aus dem Tierheim abgehauen sein sollte, wie auch immer er das angestellt hat, dann wäre der doch immer noch auf dem Tierheimgelände«, sagte Jonathan. »Da ist doch ein hoher Zaun ringsum, wenn ich mich richtig erinnere. Es sei denn, die haben über Nacht das Tor offen stehen gelassen. Das wäre dann natürlich ein richtig blöder Zufall.«

»Warte mal, ich gehe mal auf Net-Maps«, sagte Esther. Das Tierheim hatte sie auf der Karte schnell gefunden und klickte auf *Satelliten-Darstellung*. Esther scrollte den Standort größer. Es dauerte einen Moment, bis sich das Bild scharf gestellt hatte.

Jonathan zeigte auf den Bildschirm. »Siehst du, da kann man es deutlich erkennen. Ich hatte recht. Komplett eingezäunt.«

Nachdenklich zuckte Esther mit den Schultern. »Stimmt schon, aber weißt du's, ob nicht irgendwo ein Loch im Zaun ist? Gerade jetzt durch den Schneesturm. Ast draufgekracht oder so.«

Esther schloss die digitale Karte und landete wieder auf der Liste der Suchergebnisse zum Tierheim Tannenhof. Gerade wollte sie auch diese Seite schließen, als Jonathan die Hand hob. »Warte mal! Was gibt's denn da alles über das Tierheim zu lesen?«

Er zog sich einen Stuhl heran, sodass er mit seiner Schwester zusammen bequem auf den Bildschirm schauen konnte. Eilig ließ er die Blicke über die Suchergebnisse wandern. Die Geschwister staunten über die Masse an Beiträgen, wobei es sich vor allem um Artikel aus der örtlichen Presse handelte. Da wurde über Tierheimfeste berichtet und über Spendenaktionen und es gab einen Artikel über den Besuch eines prominenten Sängers, der dann spontan die Schirmherrschaft für das Tierheim übernommen hatte. Esther zeigte auf das Porträt des blonden Strubbelkopfs, der neben dem Tierheimleiter in die Kamera grinste und einen Hundewelpen auf dem Arm hielt. »Das wusste ich ja gar nicht. Coole Sache!«

Eine Überschrift fiel Jonathan besonders ins Auge. Er klickte den Artikel an und überflog ihn. »Das ist ja echt krass. Das sollten wir uns mal genauer anschauen, liebes *Lästerschwein*.«

Esther boxte ihm kichernd gegen die Schulter.

Auf ihrer Suche nach Troll hatten Carla und Samuel im Materiallager auch allerlei Nützliches aufgetrieben. Zum Beispiel jede Menge Windlichter mit Kerzen, die immer beim alljährlichen Weihnachtsfest auf dem Tierheimgelände zum Einsatz kamen. Die konnten sie prima im gesamten Gebäude verteilen, damit sie wenigstens etwas Licht hatten, wenn die Dämmerung einsetzte. Außerdem stand dort ein kleiner Gaskocher mit mehreren Ersatzkartuschen im Regal, auf dem bei dem Fest der Apfelpunsch heiß gemacht wurde.

Carla war erleichtert. »Super, dann können wir uns nachher wenigstens heißen Tee machen. Dazu gibt's dann allerdings nur Spekulatius mit Vanillekipferl und zum Nachtisch alternativ Zimtsterne oder Marzipankartoffeln. Verhungern werden wir nicht, aber vermutlich an einem Zuckerschock sterben.«

»Ha, denkst du!« Samuel förderte aus einem Karton mehrere Dosen vegetarische Ravioli zutage. »Dem heiligen Brokkoli sei Dank, hier hat sich einer eine eiserne Reserve angelegt.«

Sie suchten wirklich jeden Winkel ab, spähten unter Regale und Tische, leuchteten in Schränke, guckten hinter jede Tür, aber wen sie nicht fanden, war der Hund Troll. »Langsam mache ich mir echt Sorgen um den Fifi«, sagte Carla.

»Und ich mache mir langsam Sorgen um unseren Geisteszustand«, entgegnete Samuel und fasste sich demonstrativ an die Beule, die inzwischen blaugrün schimmerte. »So ein Hund löst sich doch nun wirklich nicht in Luft auf, es sei denn, hier sind Harry Potter und Severus Snape am Werk.«

Auch Carla hatte sich inzwischen eine der Fleece-Jacken vom Haken genommen. »Wieso ist das hier eigentlich auf einmal so rattenkalt? Die Heizung kann doch gerade erst ausgegangen sein.«

Samuel lutschte an seinem Zeigefinger und hielt ihn in die Höhe. »Alter Pfadfindertrick. Ja, es zieht wie Hechtsuppe. Folgen wir der kalten Seite des Fingers, dann finden wir die Quelle. Übrigens sind Ratten nicht kalt, es sei denn, sie sind tot.«

Der Fingertrick führte sie zur rückwärtigen Tür des Gebäudes. Hier gab es ein Futterlager, das man für die Warenanlieferung direkt anfahren konnte. Säcke mit Hundefutter, Paletten mit Katzenstreu, Heu für Kleintiere und Tierboxen stapelten sich bis unter die Decke.

»Schau mal, hast du die Tür nicht richtig zugemacht?« Carla zeigte auf den Schnapper des Türschlosses. Er war nicht eingerastet. Durch den Türspalt zog eisig der Wind.

»Wieso soll ich ständig irgendwelche Türen nicht richtig zugemacht haben?«, maulte Samuel. Dabei musste er sich eingestehen, dass er die Tür am Abend tatsächlich kurz geöffnet hatte, um zu schauen, wie hoch hier der Schnee lag.

Carla gab ihm einen Klaps auf die Schulter. »Na ja, ist ja auch egal, jetzt machen wir sie wieder richtig zu und gut ist's.« Sie packte die Klinke und schob die Tür ins Schloss. Ein paar Mal ruckelte sie kräftig. »Nanu, die Zunge rutscht nicht richtig in das Blech da rein.«

»Falle nennt man das«, verbesserte Samuel seine Schwester.

»Dann eben Falle, Mister Klugscheißer«, erwiderte Carla genervt. Sie nahm das Schloss genauer unter die Lupe. »Jedenfalls klemmt das Ding. Besser, wir schließen sie richtig zu, sonst geht sie nachher wieder auf.« Carla drehte kurzerhand den Schlüssel herum, der von innen in der Tür steckte.

Was haben Jonathan und Esther im Internet entdeckt?
Lies morgen weiter.

10. Dezember

Nachtwache

Bis es richtig dunkel wurde, hatten sie es sich immerhin richtig gemütlich gemacht. Die Hunde und Katzen waren mit weiteren Kuscheldecken versorgt, sodass sie es in ihren Kojen warm hatten. Überall standen Windlichter, in denen die Kerzenflammen schummeriges Licht verbreiteten und spukige Schatten an die Wände warfen. Heißer Tee und Ravioli wärmten Samuel, Carla und ihrem Vater den Bauch. Eine weitere Nacht würden sie im Tierheim zubringen müssen. Diesmal ohne Strom.

»Es ist ja wirklich ganz urig, so bei Kerzenlicht«, meinte Samuel, als sie am Abend wieder in der Küche Karten spielten, alle drei bis zum Kinn in dicke Wolldecken gewickelt. »Aber ein paar frische Klamotten und eine heiße Dusche fänd ich jetzt auch nicht schlecht.«

»Och, ich könnte dich noch in die Hundewaschanlage stecken«, frotzelte Carla, als ihr Handy piepste. Esther hatte eine Nachricht geschickt. *Hier Außenstelle der Polarstation. Habe mit Jonathan über den Fall Troll ausführlich beraten. Wir denken, dass ihr auf das Naheliegende noch gar nicht gekommen seid.* Carla hielt ihrem Bruder das Smartphone hin, damit er die Nachricht auch lesen konnte. Ein großes Fragezeichen stand ihm ins Gesicht geschrieben. Sie tippte: *Was meint ihr damit?*

Die Antwort folgte Sekunden später.

Sobald Lothar Winter eingeschlafen war, schlichen Samuel und Carla, ihre Matten und Decken unter den Arm geklemmt, im Kerzenlicht in die Hundehalle. Besser, der Vater bekam erst einmal nichts von ihrem Plan mit, er hätte sicher Sorge, sie würden in der Nacht zu viel Unruhe in die Hundehalle bringen. Außerdem fühlte es sich eindeutig viel spannender an, so eine Aktion im Geheimen durchzuführen. Leise sprachen sie auf die Hunde ein und steckten ihnen Leckerchen zu, damit die Vierbeiner nicht wieder anfingen zu bellen.

»Und Esther und Jonathan meinen wirklich, der Troll könnte geklaut worden sein?«, flüsterte Samuel.

»Ich glaube, sie hat es *entführt* genannt«, erwiderte Carla. »So abwegig finde ich den Gedanken gar nicht. Wie soll Troll denn allein sowohl aus dem Zwinger als auch aus dem Gebäude rausgekommen sein? Aber wenn wir heute Nacht hier in der Halle Wache schieben, dann können wir auf jeden Fall verhindern, dass noch ein Hund verschwindet.«

Den Gedanken, mitten in der Nacht von skrupellosen Einbrechern überrascht zu werden, oder schlimmer noch, von Severus Snape, fand Samuel ziemlich gruselig, aber er wollte seiner älteren Schwester gegenüber nicht als Memme dastehen und hatte deshalb in ihren Plan eingewilligt. »Aber warum sollte jemand hier einen Hund klauen?«

Carla ließ ihre Matratze und die Decken auf den Boden fallen. »Vielleicht weil er oder sie die Vermittlungsgebühr nicht aufbringen kann? Oder es ist wirklich ein Entführer und es trudelt noch eine Lösegeldforderung ein? Oder es handelt sich um einen miesen Hundehändler, der damit Kohle machen will? Was weiß ich?«

»Andere Frage: Wie sollte er oder sie das angestellt haben?«

Carla nickte in Richtung Futterlager. »Denk mal nach.«

»Willst du etwa sagen, weil *ich* die Hintertür angeblich nicht richtig zugemacht haben soll, sind dahinten welche rein, um den Troll zu entführen?«, zischte Samuel.

»Quatsch!«, entgegnete Carla. »Wäre ja ein sehr komischer Zufall, wenn ausgerechnet in dem Moment, als die Tür nicht richtig verriegelt war, jemand hier herumschleichen würde. Und das bei dem Tiefschnee! Außerdem habe ich gar nicht behauptet, dass du die Tür offen gelassen hast. Ich hab dich nur gefragt, ob du's vielleicht gewesen bist.«

»Kommt aufs selbe raus«, knurrte Samuel beleidigt.

»Ist doch jetzt auch egal«, maulte Carla. »Ich mein doch was ganz anderes. Für mich klingt das eher nach einer geplanten Tat. Vielleicht geht das Schloss so schwer, weil es aufgebrochen wurde.«

Samuel zückte die Halogenlampe und marschierte los. »Komm, das schauen wir uns noch mal genauer an.«

Carla öffnete die Metalltür, die vom Lager nach draußen führte. Eisiger Wind fegte herein. »Verdammt, ist das kalt.« Samuel richtete schlotternd den Strahl der Taschenlampe auf das defekte Schloss.

Mehrmals drückte Carla die Klinke. »Irgendwie klemmt diese Zunge oder wie das noch mal heißt.«

»Falle«, erinnerte Samuel. »Ja, sie schnappt nicht richtig zurück. Schau mal, ich glaube, da steckt was dazwischen.«

Carla ging in die Hocke und pulte im Licht der Taschenlampe mit dem Fingernagel an dem eiskalten Schloss herum. Schließlich zog sie etwas heraus. »Nur ein kleiner Holzsplitter. Vielleicht war jemand unvorsichtig und ist mit einer Holzkiste davorgekracht? So was kann doch beim Verladen passieren.«

»Hm«, brummte Samuel. »Eher unwahrscheinlich, oder? Dann müsste man schon ganz schön heftig davorkrachen. Ich schätze, dann würde man auch noch weitere Spuren sehen. Verbogenes Metall, Kratzer, weitere Holzfasern. So was in der Art. Wenn du mich fragst, dann hat jemand absichtlich den kleinen Spleiß da reingepfriemelt.«

Carla drehte sich um und sah in die Dunkelheit hinaus. »Wenn hier letzte Nacht einer an der Tür gewesen ist, müsste man doch auch Spuren im Schnee sehen, oder?«

Samuel senkte den Strahl der Lampe. Die Schneedecke funkelte wie Millionen winzigster Diamanten. »Kannste vergessen. Viel zu viel Neuschnee. Wenn hier mal Spuren waren, sind die längst wieder zugeschneit. Egal, ob Menschen- oder Hundespuren oder beides. Brrr, mach die Tür wieder zu, ich bin schon ein halber Eiszapfen. Übrigens glaube ich nicht, dass der gemeine Hundedieb heute Nacht wiederkommen würde. Wenn der zwei Hunde klauen wollte, dann hätte er Zulema doch direkt mitgenommen.«

Carla zuckte mit den Schultern, während sie die Tür wieder sorgfältig abschloss. »Vielleicht nicht. Er hat nicht damit gerechnet, dass Leute im Büro schlafen und durch das Gebell geweckt werden, und musste sich beeilen. Sicher ist sicher, wir pennen in der Hundehalle.«

Carla hatte sich ihren Schlafplatz schnell wieder eingerichtet. »Besser, wir stellen die Handys lautlos. Wäre blöd, wenn die Hunde durch das Piepsen anschlagen, wenn jemand eine Nachricht schickt.«

Doch Samuel fand so schnell keine Ruhe. Er fühlte sich ungeschützt so mitten auf dem Gang und sehnte sich nach seinem warmen, kuscheligen Bett zu Hause. Ihm war kalt, er wollte heiß duschen, er wollte frische Sachen anziehen und vor allem wollte er eine Pizza. Und schon gar nicht wollte er hier auf dem Präsentierteller liegen, wenn nachts jemand angeschlichen kam. Außerdem nervte ihn die Beule. Plötzlich hörte er ein leises Winseln. Es kam aus Schnipsels Zwinger. Samuel zog sich die Schmirgelpapierdecke eng um die Schultern und schlüpfte durch die Zwingertür zu dem großen wuscheligen Mischling hinein. »Was ist denn, Schnipsel, kannst du auch nicht schlafen?«, wisperte er. Er hockte sich hin und kraulte dem Rüden das Fell, bis der schließlich aufhörte zu winseln. Samuel war sehr müde und ihm war kalt und der Hund war sehr warm und flauschig und die Hundekoje sehr geräumig. Da war genug Platz für Schnipsel und für Samuel.

Werden Carla und Samuel von Einbrechern überrascht?
Lies morgen weiter.

11. Dezember

Wieder keine Pizza

Nur ein blasses Nachtlicht erhellte die Umgebung, als Samuel aus dem Schlaf hochschreckte. Ein Schrei entfuhr seiner Kehle. Jemand hatte ihn fest am Arm gepackt! Etwas Nasses flutschte durch sein Gesicht.

»Samuel, was machst du denn hier?« Carla war es, die da vor Schnipsels Hundebett kniete und ihren Bruder rüttelte.

»Mensch, Carla, musst du mich denn so erschrecken!« Sanft schob Samuel Schnipsel zur Seite, der weiter versuchte, ihm das Gesicht abzulecken. Er hatte es offensichtlich toll gefunden, das Hundebett mit Samuel zu teilen.

»Du hast mir genauso einen Schreck eingejagt! Ich bin aufgewacht und du warst weg!« Carla zeigte auf Samuels leere Matratze.

»Wieso geisterst du hier überhaupt mitten in der Nacht rum?«, raunte Samuel. »Es war gerade so schön kuschelig. Jetzt hast du's verdorben.«

Doch Carla hörte darüber hinweg. »Weil ich einen brandheißen Hinweis von Esther und Jonathan bekommen habe. Ich hatte den Alarm auf Vibrieren gestellt und bin davon geweckt worden.«

»Esther sollte um diese Zeit auch schlafen.« Samuel gähnte und zog sich die kratzende Decke bis zum Kinn.

Carla hielt ihrem Bruder das Handy vor die Nase. »Sie hatte die Nachricht gestern Abend schon rausgeschickt, aber die ist gerade erst angekommen. Vielleicht gab's beim Sendemast auch einen Stromausfall, was weiß ich. Interessiert dich denn nicht, was sie herausgefunden haben? Das Tierheim hat Feinde!«

»Wie meinst du das, Feinde?«, brummte Samuel verschlafen.

»F-e-i-n-d-e«, buchstabierte Carla. »Du weißt doch, was Feinde sind.«

»Du machst dir gleich Feinde, wenn du mich nicht pennen lässt«, knurrte Samuel. »Der Hilfstierpfleger Samuel braucht seinen Schlaf. Gleich ist die Nacht schon vorbei, dann wird's wieder anstrengend.«

»Na, hör doch selbst!« Carla hatte das Smartphone leiser gestellt und hielt es ihrem Bruder nah ans Ohr, während sie Esthers Sprachnachricht abspielte.

»Hm«, machte Samuel. »Wirklich interessant. Aber ein Grund mehr, dass wir noch 'ne Mütze Schlaf kriegen. Wir brauchen einen kühlen Kopf.«

Am nächsten Morgen stand der Weihnachtsmann vor der Tür. Eine große rote Silhouette erschien hinter der Milchglasscheibe, noch ehe Lothar Winter sich den Schlafdreck aus den Augen wischen und sich eine Ladung eiskaltes Wasser ins Gesicht klatschen konnte. Auch Carla und Samuel hatten sich nur mit gespreizten Fingern durch die Haare gekämmt und waren in die Küche gehuscht, um auf dem Gaskocher Wasser heiß zu machen.

Der Weihnachtsmann hatte einen Schlüssel vom Tierheim. Der Weihnachtsmann hieß Rudolph.

»Rudolph, hattest du nicht sonst einen braunen Bart?«, rief Samuel lachend.

Schnaufend strich sich der Tierheimleiter die weißen Eiskristalle aus den Barthaaren und schob sich die Kapuze seiner roten Outdoor-Jacke vom Kopf. »Leute, ist das eine Kälte draußen.«

»Komm rein, hier drinnen ist es inzwischen aber auch nicht mehr viel wärmer.« Carla rieb sich demonstrativ die Oberarme. »Aber es gibt gleich heißen Tee.«

Jetzt kam auch Lothar Winter in den Empfangsraum. »Rudolph, wie gut, dass du da bist! Heißt das, dass die Straßen endlich geräumt sind?«

Aber der Tierheimleiter schüttelte den Kopf. »Weit gefehlt. Bis zur großen Kreuzung an der Landstraße habe ich es geschafft, dafür habe ich von zu Hause aus schon anderthalb Stunden

gebraucht. Dann war Feierabend, ich musste das letzte Stück bis hier laufen. Was man so laufen nennt bei dem tiefen Schnee. Ich hoffe, ich finde hinterher mein Auto überhaupt wieder.« Der Tierheimleiter stieg aus den Stiefeln, von denen der Schnee in nassen Klumpen langsam auf den Boden rutschte, und lief auf dicken Wollsocken in die Küche. »Unterwegs habe ich übrigens den Landwirt von dem Hof dahinten getroffen, unseren speziellen Freund. Sie hatten gestern *angeblich* schon angefangen, den Weg hierher freizuschieben, aber weil es dann so extrem geschneit hat, haben sie es *angeblich* wieder aufgegeben. Er meinte, auf diese Weise wäre hier endlich mal Ruhe.«

Lothar Winter runzelte die Stirn und raunte: »Na, dem Typen wäre es doch am liebsten, das ganze Tierheim würde unter der Schneelast zusammenbrechen.«

Carla wurde hellhörig und zwinkerte Samuel zu.

»Ähm, du hast nicht zufällig eine heiße Pizza dabei?«, fragte Samuel den Tierheimleiter grinsend.

Rudolph lachte und zog sich seinen Rucksack vom Rücken. Weitere Eiskristalle rieselten von seiner Jacke und bildeten kleine Pfützen auf dem Boden. »Nein, aber zumindest frische Brötchen und Käse und Aufschnitt. Und das da.« Er stellte ein Glas mit löslichem Kaffee auf den Tisch. »Für mich nämlich bitte keinen Tee.«

Carla verdrehte die Augen. »Hauptsache, nichts Süßes mehr.«

Noch war es nicht richtig hell. Carla zündete in der Küche weitere Kerzen an. Der fruchtige Tee mit Weihnachtsgewürzen wärmte sie schön von innen. Mit großem Appetit bissen die Tierheim-Nothelfer in die knusprigen Brötchen.

»Ich finde das ganz toll von euch, dass ihr Lothar geholfen habt, hier die Stellung zu halten«, lobte der Tierheimleiter.

»Na, irgendwie hatten wir dann ja auch keine andere Wahl mehr.« Carla zuckte mit den Schultern.

»Mit Pizza wär es angenehmer gewesen«, grummelte Samuel.

»Als ich heute Morgen aufgewacht bin, waren die beiden

nicht da«, erzählte Lothar Winter. »Stell dir vor, Rudolph, die haben tatsächlich in der Hundehalle geschlafen, damit nicht noch ein Hund verschüttgeht. Das nenne ich Einsatz.«

»Sammy hat sogar beim Schnipsel mit im Hundebett gepennt«, verriet Carla.

»Ja, und? Da war es wenigstens schön warm!«, verteidigte sich Samuel. Dann musste er kichern. »Hat nur zwischendurch ein bisschen nach Hundepups gemüffelt.«

»Tja, die Sache mit dem Troll, die macht mich wirklich ratlos«, sagte Rudolph. »Ich habe schon überlegt, ob ich das bei der Polizei zur Anzeige bringen muss, aber die sind bei dem Chaos da draußen gerade wirklich mit anderen Problemen beschäftigt. Und was genau sollte ich denen sagen? Mist, und Anfang der Woche kommen ja die Interessenten. Was ich denen sagen soll, weiß ich erst recht nicht.«

Carla zog Samuel aus der Küche. »Hast du gehört, was Rudolph und Lolo über den Bauern gesagt haben?«, wisperte Carla. »Das passt genau zu dem, was Esther und Jonathan herausgefunden haben.« Carla spielte Esthers Sprachnachricht erneut ab: »Hi, Mensch, das ist ja irre, wenn man das Tierheim Tannenhof in die Suchmaschine eingibt. Hunderte von Einträgen! Da sind mir ein paar interessante Zeitungsartikel aufgefallen. Na, eigentlich dem Jonathan. Egal. Also, da geht es um Lärmbelästigung durch die Hunde und dass die da überall ihre Kacka-Haufen hinterlassen. Da muss so ein Landwirt in der Nachbarschaft wohnen, der auch Ferienwohnungen vermietet. Und der meint, das sei geschäftsschädigend. Jedenfalls hat er das wohl schon mehrfach dem Ordnungsamt gemeldet und jetzt soll da so ein Gutachten erstellt werden. Auf Kosten des Tierheims! Übrigens: Habt ihr schon kontrolliert, ob da vielleicht irgendwo ein Loch im Zaun ist?«

Hat der Bauer etwas mit Trolls Verschwinden zu tun?
   Lies morgen weiter.

12. Dezember

Gelbe Muster im Schnee

Du meinst, das ist derselbe Bauer, mit dem Rudolph gerade gesprochen hat?«, fragte Samuel ungläubig, nachdem Carla und er sich Esthers Sprachnachricht noch einmal angehört hatten. »Wäre ja ein Wunder, wenn die überhaupt noch miteinander reden. Aber was hat das mit Troll zu tun?«

Carla machte ein wichtiges Gesicht. »Das weiß ich ehrlich gesagt nicht. Noch nicht. Aber wir müssen jeden Hinweis ernst nehmen. Schließlich stehen wir erst ganz am Anfang unserer …«

»Investigationen«, sagte Samuel. »Das ist der Fachbegriff für Ermittlungen oder Nachforschungen.«

»Ja, Mister Klugscheißer.« Carla rieb sich die Hände. »Dann eben Investigationen. Boah, wenn das jetzt noch kälter wird, friert mein Gehirn ein. Dann ist nichts mehr mit Investigationen.« Das Tierheimgebäude war nach dem Stromausfall inzwischen ordentlich ausgekühlt. Viele der Hunde, Katzen, Kaninchen und Meerschweinchen hatten sich in den Schutz ihrer Kojen aus Wolldecken oder Stroh zurückgezogen.

»Trotzdem, Esther hat recht«, erwiderte Samuel. »Wir sollten kontrollieren, ob es irgendwo im Zaun ein Loch gibt. Sollte der Troll doch irgendwie aus dem Gebäude rausgeschlüpft sein, dann müsste er ja auch irgendwie vom Gelände runtergekommen sein. Das Areal ist eingezäunt und das Eingangstor war schließlich über Nacht zu.«

»Okay«, sagte Carla. »Das Gute ist, wenn man vom Eiskalten wieder ins Kalte reinkommt, dann empfindet man das Kalte ja als wärmer als das Eiskalte.«

»Hä?«, machte Samuel.

Carla winkte ab. »Ach, egal, das musst du nicht verstehen. Komm, wir nehmen Zulema noch mal mit raus. Vielleicht erschnüffelt sie ja doch noch was.«

Kurz darauf stapften die Geschwister durch den tiefen Schnee und arbeiteten sich am Zaun entlang, der das gesamte Tierheimgelände umgab. Zulema hüpfte wie ein Schneehase neben ihnen her und versank nach jedem Sprung bis zur Brust im Schnee. Sie schnupperte mal hier und mal da und schreckte unter einem Gebüsch ein Kaninchen auf, das dort Schutz gesucht hatte. Und hinterließ jede Menge leuchtend gelbe Pipiflecken.

Im Innenhof hatten die Männer bereits damit angefangen, eine Fläche freizuschaufeln, damit die Hunde endlich Auslauf kriegen konnten. Doch hier im Außengelände versanken die Geschwister nach wie vor knietief in den weißen Flocken. Es hatte nun keinen Neuschnee mehr gegeben, aber der heftige Frost hatte an der Oberfläche eine feste Eiskruste gebildet, sodass der Schnee bei jedem Schritt knisterte und knirschte.

»Hm«, machte Samuel nachdenklich. »Man kann den Zaun ja gar nicht bis ganz unten sehen. Viel zu viel Schnee. Um sicher zu sein, müssten wir das alles wegschüppen.«

»Nö, finde ich nicht«, meinte Carla. »Vorletzte Nacht lag der Schnee ja auch schon fast so hoch. Wie hätte man da ein Loch erkennen sollen?«

Samuel hielt seiner Schwester die Handschuhhand vor die Nase. »Man vielleicht nicht. Aber unterschätz die Schnüffelkünste eines Hundes nicht. Die riechen so was.«

Carla zeigte auf Zulema. »Aber die Lady hier hat zum Beispiel nur das Kaninchen in der Nase. Ich glaube, die wird auch jetzt die Spur von Troll nicht aufnehmen.«

»Apropos Spur«, rief Samuel lachend. »Immerhin hat sie ein schönes Muster in den Schnee gepinkelt.«

»Wenn das dieser Bauer wüsste! Verunreinigungen auf dem Weg durch Pipi und Hundehäufchen, das geht gar nicht! Und wenn die Muster noch so schön sind.« Carla kicherte. »Das da muss übrigens der Bauernhof sein, um den es geht.« Carla streckte den Arm aus und zeigte auf das Anwesen, das etwa

100 Meter vor der Zufahrt zum Tierheim auf der anderen Seite des Wirtschaftsweges lag. Auf den Dächern mehrerer Gebäude türmte sich der Schnee. Carla konnte erkennen, dass der Weg tatsächlich genau bis zu der Einfahrt zum Gehöft geräumt war und keinen Meter weiter. Auf dem Hof rangierte dröhnend ein Frontlader. »Blödleute, die«, kommentierte sie.

Auf der Rückseite des Tierheims gelangten sie an das verzinkte Tor, von dem aus die Lieferwagen rückwärts an die Tür des Futterlagers rangieren konnten. Samuel drückte die Klinke herunter und rüttelte kräftig am Tor. »Das ist so zu wie nur was. Eingerastet, abgeschlossen, wie es sein soll.«

Carla nahm das Schloss genau in Augenschein. »Hm, sieht auch nicht so aus, als sei an dem Schloss herumgefummelt worden. Keine Einbruchspuren oder so.«

Samuel stemmte die Hände in die Seiten und ließ den Blick wandern, vom Tor bis zur Straße. »Mir fällt da gerade was ein. Könnte es sein, dass der Fahrer vom Landhandel einen Schlüssel vom Tor hat, damit er die Ware auch anliefern kann, wenn das Tierheim geschlossen hat?«

Carla hüpfte von einem Bein aufs andere und begann, sich die Arme um den Körper zu schlagen. »Keine Ahnung. Aber das können wir ja rauskriegen. Lass uns mal weitergehen, wenn wir hier so rumstehen, bekomme ich Erfrierungen zweieinhalbten Grades.«

»Wir sind ja fast rum«, tröstete Samuel, dessen Nase aber inzwischen ebenfalls rot leuchtete. »Und die Zulema müssen wir gleich auch ordentlich trocken rubbeln. Boah, hoffentlich funktioniert die Heizung bald wieder.«

Plötzlich hob Zulema die Schnauze witternd in die Höhe und stellte die Ohren auf. Ihre ganze Körperspannung verriet, dass sie etwas entdeckt hatte.

»Was ist denn, Zulema?«, fragte Samuel aufgeregt.

»Bestimmt schon wieder ein Kaninchen«, sagte Carla. »Du weißt doch, diese Hündin ist nur auf Objekte programmiert, die man fressen kann.« Aber das, was sie da entdeckten, als sie um die Hausecke bogen, sah ganz und gar nicht aus wie ein Kaninchen oder etwas anderes Leckeres. Da waren deutliche Spuren im Schnee zu sehen. Ziemlich viele und ziemlich frische. Spuren von Menschenfüßen.

»Schau mal, auf der anderen Seite des Zauns ist alles platt getrampelt!«, rief Samuel. »Die Spuren können nur von letzter Nacht stammen, sonst wären sie wieder zugeschneit. Das müssen mindestens zwei Typen gewesen sein, eher drei.«

»So eine Sauerei!«, rief Carla wütend, als sie erkannte, was da in der hintersten Ecke des Grundstücks auf der gefrorenen Schneedecke lag. Sie stieß vorsichtig mit der Fußspitze dagegen, während sie Zulema davon abhielt, in dem Haufen herumzuwühlen. »Sieht ganz so aus, als hätte hier jemand seinen Müll entsorgt!«

»Was für Idioten machen denn so was?«, knurrte Samuel. »Guck mal, da liegen sogar zwei alte Autoreifen unter den Säcken.«

»Da gehst du auf die Suche nach einem Loch im Zaun und was findest du? Müll!« Carla schüttelte wütend den Kopf.

Samuel, der in die Hocke gegangen war, um den Haufen genauer unter die Lupe zu nehmen, sprang auf einmal auf und zeigte in den Himmel, wo in den feinen Nebeltröpfchen rote und gelbe Blinklichter reflektierten. »Ich fress 'nen Rentierschlitten! Jetzt landet auch noch ein Ufo!«

Carla fuhr herum, als auch sie das laute Dröhnen hörte. Staunend blickte sie nach oben. »Jetzt weiß ich's! Troll wurde von Außerirdischen weggebeamt und entführt!«

Hat der Fahrer vom Landhandel etwas mit Trolls Verschwinden zu tun?
Lies morgen weiter.

13. Dezember

Der Besuch der Weihnachtswichtel

Aber Ufos sind ja nicht orange und eckig«, sagte Carla. »Das ist ja nur ein Räumfahrzeug!«

Schnaufend und Schnee aufwirbelnd, schob sich der Koloss vor dem Zaun vorbei und ließ die bunten Weihnachtskugeln in den Koniferen tanzen, aber die Detektive waren längst wieder mit ihrem Fall beschäftigt.

Nachdem Samuel ein paar Fotos von dem Müllhaufen gemacht hatte, liefen Carla und Zulema und er noch einmal zum Haupttor hinaus und außen am Zaun entlang bis zu der Stelle, an der der Müll entsorgt worden war. So wie erhofft, begann Zulema intensiv zu schnüffeln und zog an der Leine.

»Ich sag doch, auf diese Hündin ist Verlass.« Samuel grinste. »Boah, ich darf bei der Kälte nicht grinsen, meine Gesichtshaut fühlt sich an, als würde sie reißen.«

»Dann lass es lieber.« Carla streckte Samuel die Zunge raus. »Und ich verrate dir was. Ich weiß auch ohne Zulemas vermeintliche Spürnase, woher die Täter kamen. Ich brauche nämlich nur den Spuren im Schnee zu folgen.«

Dazu sagte Samuel nichts mehr.

An einer Stelle war ein sehr deutlicher Fußabdruck zu sehen. Samuel hielt seinen daneben. »Schätzungsweise 43. Sehr gängige Schuhgröße. Das Profil könnte von jedem x-beliebigen Arbeitsstiefel stammen. Das bringt uns nicht weiter. Schauen wir, wohin die Spuren führen.«

Da die illegalen Müllentsorger bereits einen Pfad getrampelt hatten, war das Laufen nicht so mühsam wie im tiefen Schnee. Aus der Ferne beobachteten die Geschwister weiter das vermeintliche Ufo. Das riesige Räumfahrzeug schob mit seinem großen Schneeschild endlich eine Schneise in den Wirtschaftsweg bis zur Zufahrt zum Tierheim. Wie ein gieriges

Monster fraß sich das Fahrzeug durch die Schneemassen und machte dabei einen Höllenlärm. Auf seinem Dach drehten sich hektisch gelbe Blinklichter, die von der diesigen Luft reflektiert wurden. Ebenso die grellen roten Schlusslichter. Ziemlich bedrohlich sah das aus.

»Irgendwie schade«, meinte Carla. »Ich mochte diese Stille. Der Tiefschnee hat alles ausgebremst. Ich fand das schön.«

Samuel überlegte. »Schon wahr. Aber so könnte theoretisch endlich eine Pizza zum Tierheim geliefert werden.«

Carla knuffte Samuel und sie kabbelten eine Weile herum, bis er rücklings in den Schnee fiel. Wie auf Kommando stürzte sich Zulema auf ihn und schleckte ihm das Gesicht ab. Samuel rappelte sich wieder auf und schob Zulema fort. »Uah! Gefrierender Hundesabber! Ganz großes Kino!«

Kichernd setzten sie die Suche fort. Doch die Enttäuschung war einigermaßen groß, als sich die Spuren an einer Bushaltestelle an der Hauptstraße verloren. Man konnte gut erkennen, dass hier bereits mehrere Fahrzeuge gehalten hatten.

»War ja klar, dass uns die Spuren nicht zum Haus der Täter führen. Die haben das Zeug mit einem Auto hierhergebracht und dann zum Tierheim geschleppt«, seufzte Samuel und richtete den Blick zurück. »Jetzt müssen wir den ganzen Weg wieder zurückgehen, dabei ist mir echt saukalt.«

»War mir schon, als wir losgegangen sind«, erwiderte Carla bibbernd. Sie zog an der Leine. Auch die Hündin hatte jegliches Interesse an den Spuren verloren. »Komm, Zulema, wir bringen dich wieder in das schön kalte Tierheim und stellen uns vor, wie toll das wäre, sich aufzuwärmen.«

Mit klammen Fingern zückte Carla ihr Handy, um für Esther eine Sprachnachricht aufzunehmen. Der Akku hatte inzwischen nur noch bedrohlich wenig Ladung. »Polarstation an Außenstelle. Kein Loch im Zaun gefunden, dafür einen Haufen Müll, den jemand offensichtlich auf das Grundstück geschmissen hat. Spurenverfolgung trotz super ausgebildetem

Spürhund ergebnislos. Gehen jetzt zum Tierheim zurück und werden dort vermutlich erfrieren. Ihr habt's gut. Over.«

»Wir sollten das mit dem Müll jetzt mal ganz fix dem Rudolph erzählen«, sagte Samuel, als sie zurückkamen.

Sie fanden den Tierheimleiter im Innenhof, wo er dabei war, mit einer Schaufel Hundehaufen einzusammeln. Zwei der Hunde tollten gerade über die freigeschobene Fläche und genossen es, dass sie endlich wieder den Zwinger verlassen durften.

Rudolph schien die Nachricht von der illegalen Müllhalde nicht sehr zu erschüttern. Er wirkte einfach nur genervt. »Nicht schon wieder!«, maulte er.

»Heißt das, dass das schon mal passiert ist?«, rief Samuel.

»Zwei Mal schon«, erklärte Rudolph. »Und wir mussten uns um die Entsorgung kümmern, dabei sind unsere Müllcontainer eh schon immer so voll. So eine Sauerei.«

»Diesmal sind alte Autoreifen dabei«, klärte Carla ihn auf.

»So ein Mist!«, fluchte Rudolph. »So was zu entsorgen, kostet richtig Geld. Da werde ich wohl jetzt Anzeige erstatten müssen. Auch wegen Troll.«

»Vielleicht solltet ihr mal über Videoüberwachung nachdenken«, schlug Samuel vor. »Ich könnte euch dabei helfen. Man nennt mich nicht umsonst …«

»Das Krimi-Monster«, ergänzte Carla. »Apropos, hat eigentlich der Fahrer vom Landhandel einen Schlüssel für das hintere Tor und die Tür zur Futterhalle? Ich meine, falls der mal außerhalb der Öffnungszeiten was liefern muss.«

Rudolph schob einen weiteren Haufen auf die Schüppe. »Dafür haben nur die hauptamtlichen Mitarbeiter einen Schlüssel und für das große Tor hängt zusätzlich noch einer am Schlüsselbrett.«

Als sie in die Hundehalle gingen, um Zulema trocken zu rubbeln, kam Carla etwas in den Sinn. »Ich frage mich, warum diese Gauner sich die Arbeit gemacht haben, die Sachen bis hierher zu schleppen. Die hätten das ganze Zeug doch auch irgendwo in die Büsche kippen können, um es loszuwerden. Was schlimm genug wäre. Oder vielleicht noch schlimmer. Aber nein, sie haben sogar die schweren Reifen über den ganzen Acker und durch den tiefen Schnee geschleppt, um sie ausgerechnet hier über den Zaun zu werfen.«

»Das riecht mir doch sehr stark nach einer gezielten Attacke«, stellte Samuel fest. Dann strich er prüfend mit der Hand durch Zulemas Fell und hob den Daumen. »Okay, furztrocken. Sag mal, hat Esther eigentlich gar nicht geantwortet?«

Carla warf einen besorgten Blick auf ihr Smartphone. War es jetzt etwa ausgegangen? Nein, aber das Akku-Symbol leuchtete bereits rot auf. »Nee, keine Antwort. Seltsam. Aber sie hat die Nachricht gesehen. Da sind zwei blaue Häkchen.«

Plötzlich hörten die Geschwister ein Klopfen vom Eingang. Vor der verschlossenen Tür stand jemand. Diesmal zeichneten sich zwei Silhouetten hinter der Milchglasscheibe ab.

»Hoffentlich der Pizzaservice«, stöhnte Samuel.

»Kannst du eigentlich auch noch an was anderes denken?« Carla lachte.

»Nein«, antwortete Samuel. »Wenn es nicht der Pizzaservice ist, dann werden es vermutlich die Weihnachtswichtel sein.«

Carla war es nicht ganz wohl zumute, denn man konnte nicht erkennen, wer da draußen stand. Und die beiden Männer waren im hinteren Bereich des Tierheims. Sollte sie trotzdem öffnen? Vielleicht hatte jemand ein Tier gefunden, brauchte Hilfe und hatte sich bis zum Tierheim durchgekämpft? Ihr Herz begann, heftiger zu schlagen, als sie den Schlüssel im Schloss drehte.

Wer hat da an die Tür des Tierheims geklopft?
Lies morgen weiter.

14. Dezember

Rosa Puschel

Überraschung!«, riefen Esther und Jonathan und grinsten beide von einem Ohr zum anderen.

»Hey, ich sag doch, das sind die Weihnachtswichtel!«, rief Samuel. »Habt ihr mir zufällig auch eine Pizza mitgebracht?«

»Pizza?«, fragte Esther lachend. »Nein, aber das hier.« Sie drückte Carla einen Leinenbeutel in die Hand.

Carla sah hinein. »Oh, wow, danke! Das ist meine Rettung!« Sie griff in die Tasche und holte zwei rosa Puschel heraus.

Samuel warf einen skeptischen Blick auf die seltsamen flauschigen Gebilde. »Was ist das denn? Gremlins? Wurden die ausgesetzt und müssen jetzt ins Tierheim?«

Esther lachte laut auf. »Quatsch, das sind Handwärmer! Da sind Wärmepads drin, die sind mit einem Gel gefüllt. Mit so einem kleinen Plättchen kannst du die aktivieren, dann wird das Gel fest und erzeugt Wärme.«

»Genial!«, rief Samuel. »Und warum krieg ich so was nicht? Na ja, vielleicht nicht gerade in Rosa. Obwohl mir das bei der Kälte auch egal wäre.«

»Keine Sorge, dir kann geholfen werden«, sagte Carla und holte etwas Längliches aus der Leinentasche. »Hier, so was gibt es auch als Einlegesohlen für die Schuhe. Ein Paar für dich und eins für mich. Oh, ich fasse es nicht. Das ist ein Traum!« Carla nahm Esther fest in den Arm. »Danke!«

Sofort ließ Samuel sich auf dem Bürostuhl hinter der Theke nieder, um die wärmenden Sohlen in seine Schuhe zu legen. Als er mit den Füßen wieder hineinschlüpfte, erschien ein wohliges Lächeln auf seinem Gesicht. »Ah, das tut jetzt so richtig gut. Hört ihr dieses leise Britzeln? So klingt es, wenn gefrorene Zehen auftauen.«

»Was ist denn da passiert?« Jonathan zeigte auf Samuels

Stirn, auf der die Beule nun eine violette Farbe angenommen hatte.

»Samuel ist doch eigentlich ein Einhorn, wusstet ihr das nicht?«, feixte Carla.

Doch Samuel fand das nur so mittellustig, denn was er draußen in der eisigen Luft kaum gespürt hatte, merkte er jetzt umso mehr: Die Beule tat ordentlich weh. Gerne hätte er sich von seiner Mutter einen Arnika-Umschlag machen lassen. So wie früher, wenn er sich beim Spielen wehgetan hatte. »Tischplatte geküsst«, knurrte er nur. »Vermutlich bin ich so gerade eben an einer schweren Gehirnerschütterung vorbeigeschlittert.«

Carla verdrehte die Augen, verkniff sich aber eine Bemerkung. Zu ihrer großen Freude fand sie noch etwas in dem Beutel: eine Power-Bank. »Wow, du hast wirklich an alles gedacht!« Schnell steckte sie das Ladekabel in ihr Smartphone. »Was sagt ihr zu unserer Sprachnachricht?«

Jonathan tat ganz cool. »Wundert uns gar nicht. Wir haben euch doch gesagt, dass das Tierheim Feinde hat.«

»Rudolph hat uns gerade erzählt, dass das schon mehrfach vorgekommen ist«, erklärte Carla.

Jonathan nickte. »Klingt ganz nach Zermürbungstaktik, wenn ihr mich fragt. Vielleicht waren das dieselben Leute, die im Sommer das Tierheim-Schild von der Straße geklaut haben.«

»Hä?«, machte Carla. »Das hab ich gar nicht mitbekommen.«

»Ich hab bei meiner Internet-Recherche einen Zeitungsartikel darüber gefunden«, erklärte Jonathan. »Damals hat man vermutet, dass das Metalldiebe waren. Für Altmetall kriegt man ja inzwischen eine Menge Geld.«

»Aber die Typen müssen doch damit rechnen, dass der Tierschutzverein irgendwann auf die Idee kommt, das Gelände mit einer Kamera zu sichern«, wandte Samuel ein.

Jonathan hob die Arme. »Oder die wissen, dass so eine Kameraüberwachung bis jetzt nicht installiert wurde.«

»Moment mal, willst du damit sagen, dass einer vom Tierheim mit dahinterstecken könnte?«, rief Carla.

»Wer weiß?« Jonathan zuckte mit den Schultern. »Außerdem, was nützt dir so eine Videoaufnahme, wenn sich die Täter ordentlich vermummen? Ein feines Filmchen in schlechter Bildqualität mit lauter Kapuzenschatten drauf.«

Plötzlich hob Esther die Nase schnüffelnd in die Höhe. »Sagt mal, riecht ihr das auch? Brennt hier irgendwas?«

»Mist, ich glaube, das kommt aus dem Innenhof! Nicht auch noch ein Feuer«, rief Samuel besorgt und flitzte schon los, um zu schauen, woher der Brandgeruch kam. Carla, Esther und Jonathan folgten im Gänsemarsch.

»Na, darauf hätten wir auch schon mal eher kommen können!«, stöhnte Samuel gequält, als er Rudolph und Lothar an einer Feuertonne stehen sah. Munter plaudernd wärmten sie sich die Hände an den Flammen. Neben der alten Blechtonne lagen Abschnitte von Europaletten auf dem Boden. Rudolph warf ein weiteres Stück Holz in die Tonne, kleine Funken sprühten in die Luft wie winzige Sterne. »Besser spät als nie!«, rief der Vater lachend. »Hallo, Esther, hallo, Jonathan, habt ihr euch auch bis hierher durchgekämpft!«

»Klar, wir lassen doch unsere Freunde nicht im Stich«, erklärte Jonathan. »Floyd ist auch versorgt.«

»Und habt ihr schon mitbekommen, dass vorhin so eine Art Ufo den Schnee auf dem Wirtschaftsweg weggebeamt hat?«, fragte Carla.

»Das war weder zu überhören noch zu übersehen«, antwortete Rudolph. »Marie und Jüppi haben sich jetzt auch auf den Weg gemacht, die haben heute Dienst. Jetzt bräuchten wir nur noch ein paar kräftige Hilfen, die die Tierheim-Zufahrt freischaufeln. Die Schüppen stehen gleich hier im Eingang.«

Theatralisch presste Samuel sich die Hände auf die Brust. »Hä? Warum schaut ihr uns dabei so an?«

Doch Jonathan legte seinem Kumpel die Hand auf die Schulter. »Ich hab doch gesagt, wir lassen unsere Freunde nicht im Stich. Komm, zu viert schaffen wir das ganz schnell.«

Samuel hielt die Hände über die Feuertonne. »Aber erst noch die Finger auftauen, die brechen sonst bei der Arbeit ab.«

Carla reichte ihm einen von den rosa Puscheln. »Hier, den kannst du dir mit in den Handschuh stecken. Den anderen behalte ich.«

Samuel hielt sich beim Schaufeln etwas zurück, gerade so, dass es nicht auffiel, und erzählte erst einmal in aller Ausführlichkeit, was Carla und er schon alles im Tierheim geleistet hatten. »Ich sag mal so, nach der ganzen Maloche ist das schon ganz schön nett von uns, dass wir jetzt auch noch den Schneepflug spielen.«

»Dann hau mal rein, du Held vom Tannenhof!«, rief Esther. »Je schneller wir fertig sind, desto eher kommen wir ins Warme.«

Sofort kamen Carla wieder Bilder in den Sinn: Kuscheldecke, Kamin, Kakao, Floyd. Das spornte sie an, noch einmal ihre Kräfte zu mobilisieren.

Doch obwohl sie sich zu viert durch den hohen Schnee arbeiteten, kamen sie nur mühsam vorwärts. »Von wegen, wir schaffen das ganz schnell«, maulte Samuel. »Pah, so einen Mini-Trecker wie den vom Weihrauch müssten wir haben.«

Carla machte eine wegwerfende Handbewegung. »Ach, olle Luftverpester. So wird uns wenigstens warm.«

»Hey, wer kommt denn da?«, fragte Esther auf einmal und nickte Richtung Wirtschaftsweg, wo eine vermummte Gestalt angestapft kam, das Gesicht tief in einer dunklen Kapuze verborgen.

Werden die Freunde in dem Fall weiterkommen?
Lies morgen weiter.

15. Dezember

Bonzo, der Bulldozer

Caspar, was machst du denn hier?«, rief Rudolph, der gerade zur Tür herausgekommen war. »Du hast doch heute keinen Dienst.«

Der junge Mann war wortlos an Carla, Samuel, Esther und Jonathan vorbeigestapft, die Hände tief in den Taschen seiner ausgebeulten Hose vergraben. Aus der Kapuze schaute ein rosa gefärbter Haarschopf heraus. »Hab in der News-Gruppe gelesen, was hier los ist. Ich dachte, wär bestimmt nicht falsch, wenn ich ein bisschen helfe. Mein Onkel arbeitet beim Kreis und fährt eins von den Räumfahrzeugen. Da konnte ich ein Stück mitfahren.«

»Das ist aber lobenswert«, sagte Rudolph. »Na, dann komm mal direkt rein. Zu tun gibt es genug.«

»Caspar, wer ist denn jetzt schon wieder Caspar?«, frotzelte Samuel, sobald Rudolph und der junge Mann im Haus verschwunden waren. »Und warum ist der nicht samt Onkel und Räumfahrzeug direkt hierhergekommen und hat die Zufahrt freigeschoben?«

»Ich glaube, das ist einer von den neuen Jahrespraktikanten«, sagte Carla.

»Und wie heißen die anderen? Melchior und Balthasar?« Jonathan gluckste albern wie ein Huhn.

»Und wer soll da was in die News-Gruppe geschrieben haben? Außer uns weiß doch keiner, was hier in den letzten zwei Tagen Sache war!« Jetzt redete Samuel sich in Rage. »Und wie lobenswert, dass er jetzt hergekommen ist! Wer hat denn hier die Stellung gehalten und hat sich einen abgefroren!«

»Hey, Sammy, jetzt mach mal halblang!«, bremste Carla ihn aus. »Ich glaub, du hast langsam Frostbeulen an den Synapsen. Ist doch nett, wenn er helfen kommt, obwohl er es nicht muss.« Doch insgeheim musste sie sich eingestehen, dass es sich tatsächlich seltsam anfühlte, dass jetzt nach und nach wieder Leute am Tierheim eintrudelten. So anstrengend die zwei Tage gewesen waren, so stolz war sie darauf, wie gut sie die Aufgabe gemeistert hatten.

»Na ja, komisch ist der Typ aber schon«, wandte Esther ein. »Kriegt nicht mal die Zähne zum Gruß auseinander.«

»Juhu, Freunde, freut euch, das Beste kommt zum Schluss!«, rief Jonathan und schwang die Schüppe über den Kopf. Dort, wo die Zuwegung zum Tierheim auf den Wirtschaftsweg traf, hatte das Räumfahrzeug den Schnee am Fahrbahnrand zu einem großen Haufen aufgetürmt, der die Einfahrt versperrte. Carla stöhnte innerlich. Diesen Wall sollten sie abtragen?

»Das könnte doch jetzt mal dieser Caspar wegschaufeln«, maulte Samuel. »Das fänd ich auch mal *lobenswert.*«

Aber dann bekamen sie unerwartete Hilfe. Rudolph trat gerade aus dem Seiteneingang heraus und hatte niemand anderen an der Leine als den Respekt einflößenden Bonzo.

»Wow! Was für ein Monstrum!«, zischte Esther tief beeindruckt.

»Ja, das ist Bonzo, der ist wirklich nicht ohne, deshalb darf der auch nur mit Maulkorb raus«, erklärte Carla. »Auf dem Schild steht, dass das ein Kangal-Mischling ist.«

»Kangals sind türkische Herdenschutzhunde«, wusste Jonathan und hob die geballte Faust. »Die werden bis zu sechzig Kilo schwer und verteidigen ihre Herde sogar gegen Bären.«

»Na, ganz so schwer ist der Bonzo sicher nicht!«, rief Rudolph, der Jonathans Worte gehört hatte. »Aber der ist trotzdem mit Vorsicht zu genießen. Der muss noch viel lernen.« Und als er an den vier Weltmeistern im Schneeschaufeln vorbeigelaufen war, stürzte Bonzo sich plötzlich auf den Schneehaufen und begann zu buddeln wie ein Bulldozer, dass die weißen Klumpen nur so durch die Luft fetzten.

»Na, siehst du, Samuel, manche Probleme lösen sich im wahrsten Sinne in Luft auf«, rief Jonathan fröhlich.

Nachdem Bonzo den Haufen ordentlich durchgewühlt hatte, war es leicht, den Schnee an die Seite zu schüppen. Bevor Rudolph mit dem Hund weiterzog, drückte er Carla noch einen Geldschein in die Hand. »Das soll ich euch noch von Lothar geben. Ihr habt hier wirklich Großartiges geleistet, aber jetzt solltet ihr euch mal langsam auf den Weg nach Hause machen. Euer Vater kommt nach, sobald Maria und Jüppi hier eingetroffen sind. Das Geld ist für …«

»Pizza!« Samuel riss die Arme in die Höhe.

Als Carla die Schüppe zurückstellte, merkte sie erst, wie erschöpft sie war, und noch hatten sie den langen Weg nach Hause vor sich. Auch sie verspürte jetzt Heißhunger auf Pizza, aber das würde sie Samuel natürlich nicht auf die Nase binden. Sie freute sich auf eine heiße Dusche und sie freute sich auf Floyd und sein weiches Kuschelfell. Als sie ihren Rucksack aus dem Büro holte, fühlten ihre Schritte sich an, als hätte sie sich keine Wärmesohlen in die Schuhe gelegt, sondern Blei. Esther, Jonathan und Samuel waren schon startklar. Sie alberten in der Einfahrt herum, ihre Stimmen waren deutlich zu hören. Gerade wollte Carla in den Empfangsraum gehen, da sah sie Caspar hinter der Theke stehen. Noch immer hatte er die Kapuze über den rosa Schopf gezogen, sodass sein Gesicht verdeckt war, aber an seiner Körperhaltung erkannte Carla, dass er angespannt war. Gerade zog er die Hand vom Schlüsselbrett weg. Carla gab ein leises Husten von sich und im selben Moment drehte sich Caspar hektisch um und starrte sie an. Carla war sich sicher: So sah man aus, wenn man sich ertappt fühlte!

Doch sie blieb ganz cool. »Wir gehen dann jetzt. Also, falls Lothar nach uns fragt … Wir sind weg.«

Caspar nickte, doch auch jetzt bekam er kaum die Zähne auseinander. »Geht klar«, murmelte er und drängelte sich an Carla vorbei in die Futterküche, wo er direkt seine Hände im großen Spülbecken versenkte, um Näpfe zu spülen. Mit eiskaltem Wasser, wie Carla wusste. Im Hinausgehen warf sie einen unauffälligen Blick auf das Schlüsselbrett.

»Du guckst, als hätte dich ein Rentier geknutscht«, stellte Samuel fest, als Carla zu den anderen stieß. »Woher willst du wissen, wie das aussieht, wenn man von einem Rentier geknutscht wurde?«, fragte Carla. Dann hob sie den Blick zum Himmel und setzte eine verträumte Miene auf. »Ich stell mir das total romantisch vor, diese weichen Rentierlippen auf meiner Wange und wie es dann den Atem durch die Nüstern bläst …«

Samuel boxte ihr gegen den Arm und lachte. »Da hast du deinen Rentierknutscher!«

Dann wurde Carla wieder ernst. Sie machte den anderen ein Zeichen, näher zu kommen, und erzählte mit Flüsterstimme, was sie soeben erlebt hatte. »Ganz hastig hat der seine Hand weggezogen. Und wie der mich angestarrt hat. Gruselig! Ich sag euch, dieser Kapuzentyp ist mir suspekt. Der hat sich hundertprozentig ertappt gefühlt.«

»Jungs mit rosa Haaren sind grundsätzlich suspekt«, sagte Samuel.

»Aber es ist doch nichts Ungewöhnliches, einen Schlüssel vom Schlüsselbrett zu nehmen, wenn man dort arbeitet«, wandte Jonathan ein. »Und rosa Haare finde ich auch nicht schlimm.«

Carla dachte nach. Irgendetwas spukte ihr da im Kopf herum, aber es ließ sich noch nicht so richtig fassen. »Natürlich nicht«, erwiderte sie. Sie entschied, nicht weiter darüber nachzudenken, dann würde es ihr vermutlich am ehesten wieder einfallen.

Hat Caspar etwas mit Trolls Verschwinden zu tun?
  Lies morgen weiter.

16. Dezember

Die Pizza muss warten

Engels LandLust – FeWo****, stand auf dem rustikalen Holz-schild, das als Hinweis am Wirtschaftsweg angebracht war, wobei man als Werbegag das Wort *Luft* durchgestrichen und *Lust* darübergeschrieben hatte. So oft waren Samuel und Carla schon an diesem Schild vorbeigefahren, auf dessen Oberkante nun eine Haube aus Schnee thronte, dass sie es kaum mehr wahrgenommen hatten. Die vier Freunde hatten entschieden, den Rückweg über den geräumten Wirtschaftsweg und die Hauptstraße anzutreten, um nicht wieder durch den tiefen Schnee auf dem Feldweg stapfen zu müssen. Eine Saatkrähe hockte neben dem Schild auf einem Zaunpfahl neben der Tor-einfahrt und schimpfte, als wollte sie sich über den Schnee beschweren oder einfach nur beachtet werden.

Carla blieb stehen. »Das ist also der Bauer mit seinen Luxus-Ferienwohnungen, der sich durch das Tierheim geschädigt fühlt«, stellte sie fest.

»Und der sich nicht in der Lage sah, den Wirtschaftsweg wei-ter als bis hierher freizuräumen«, ergänzte Samuel. »Aber das hat ja jetzt das Ufo erledigt.«

»Apropos Ufo, ich frage mich, ob die fetten Trecker hier we-niger Lärm machen als die Hunde und ob das Futtermais-Silo dahinten nicht stinkt. Muss man sich da über ein paar Hunde-haufen aufregen?« Jonathan wies mit ausgestrecktem Arm auf die große Maismiete, die sich auf der Seite des Hofes befand. An einer Ecke war zu erkennen, dass sich unter der Schneede-cke dicke Folien auf dem Futtermais befanden. An einer Stelle war die Folie bereits entfernt und die Silage angebrochen wor-den. Sie diente im Winter als Viehfutter.

Jonathan hielt sich die Nase zu und näselte: »Das ist wie im-mer Ansichtssache. *Machen Sie Luxusferien auf dem Bauern-*

hof mit echter Landluft, aber ohne Hundekacke auf den Wan-
derwegen und ohne Ruhestörung durch bellende Hunde. Aber
der Hahn auf dem Mist kräht Sie pünktlich zum Sektfrühstück
aus den Federn.«

»Wartet mal!«, zischte Carla plötzlich und ging hinter einer Buchenhecke in Deckung. Sie machte den anderen ein Zeichen, sich ebenfalls zu verstecken.

Eine junge Frau kam mit einem röhrenden Frontlader angefahren, hob damit eine Schaufel voll Maissilage aus der Miete und fuhr zu einem Stall, der sich im hinteren Teil des Gehöfts befand.

Das war der Moment, in dem Carla aus ihrem Versteck sprang, ihr Handy zückte und auf die Maismiete zurannte. Schnell schoss sie mehrere Fotos und war auch schon wieder hinter der Hecke verschwunden, als die junge Frau mit dem Frontlader zurückkam.

»Mensch, die brettert vielleicht über den Hof!«, brüllte Jonathan gegen den Motorenlärm an. »Ganz schön gefährlich.«

Und als hätte er es heraufbeschworen, geriet der Traktor kurz ins Rutschen. Die junge Frau am Steuer lenkte gegen und bekam das riesige Gefährt wieder unter Kontrolle. Wegen des Motorenlärms konnte man nichts verstehen, aber von ihren Lippen konnte man ablesen, dass sie laut vor sich hin fluchte. Sie arbeitete mit verbissener Miene und legte mit rabiater Bewegung den Rückwärtsgang ein, wobei das Getriebe laut ächzte. Sie setzte zurück, um dann vorwärts die beiden Spieße des Frontladers erneut in die Maismiete zu schieben und ein Stück herauszuheben.

»Junge, Junge, auf diesem Hof möchte ich weder Huhn noch Katze sein«, kommentierte Esther. »Geschweige denn Urlaub machen, da kann die Ferienwohnung noch so luxuriös sein.«

»Würde ich auch nicht«, frotzelte Jonathan albern. »Zu viele Hundehaufen auf den Wegen.«

»Und die Gastgeberin scheint mir auch nicht sehr sympa-

thisch zu sein.« Carla wies mit dem Kinn zum Trecker. »So wie die unter Strom steht …«

Samuel trat aus dem Versteck und rieb sich demonstrativ den Bauch. »Können wir jetzt endlich zurück in den Ort? Ich hab die Pizza schon rufen hören!« Forschen Schrittes stiefelte er vorneweg.

»Was hast du denn da gerade fotografiert?«, wollte Esther wissen, als Carla zu ihr aufgeschlossen hatte.

Die tat geheimnisvoll. »Vielleicht wichtige Indizien.«

Schweigend setzten sie ihren Weg fort. Alle vier hatten sie einen Gedanken: endlich wieder ins Warme kommen! Die Dämmerung hatte bereits eingesetzt, und als sie den Ort erreichten, stellten sie erleichtert fest, dass die *Pizzeria Da Nico* schon geöffnet hatte. Durch die Weihnachtsbeleuchtung, die über die Straßen gespannt war, schien ihnen die Leuchtreklame rot-weiß-grün entgegen. Von Stromausfall war hier nicht die Rede und die meisten Fahrbahnen waren so weit freigeräumt, dass wieder Autos durch die Straßen fuhren, wenn auch sehr, sehr langsam.

Samuel stieß die Tür des Restaurants auf und rieb sich die Hände. Hier duftete es herrlich nach Oregano und Knoblauch. Er sog den Duft tief ein. »Leute, ich hab solch einen Schmacht, ich könnte eine Pizza, groß wie ein Wagenrad, verputzen. Mit allem drauf! Und doppelt Käse!«

»Ciao, ihr vier!«, grüßte Nicolas, der Inhaber der Pizzeria, hinter dem Tresen. Unter seinem schwarzen Lockenkopf grinste er breit. »Hab die Bestellung schon gehört. *Pizza Wagenrad* mit allem drauf und doppelt Käse.«

»Kein Problem, wir rollen den Samuel dann nach Hause«, frotzelte Carla. Schnell schlüpfte sie aus der warmen Jacke, denn sie bekam auf einmal Schweißausbrüche. Irre, dass man sich doch etwas an die Kälte gewöhnt, dachte sie.

Nico hatte für Samuel in der Tat eine extragroße Pizza in dem großen Steinofen gebacken. Und er wusste, was er am liebsten mochte: Pilze, Oliven, Zwiebeln, Knoblauch und viel Oregano.

Und Samuel? Er musste an einen Spruch denken, den seine Eltern gern zum Besten gaben: Wenn man besonders großen Hunger hat, dann ist man auch besonders schnell wieder satt.

Carla zeigte auf seinen Teller. »Aber, Sammy, seit zwei Tagen höre ich von dir nichts anderes als ›Pizza, Pizza, Pizza‹, und jetzt kapitulierst du schon nach der Hälfte?«

Samuel hatte von der Wärme in der Pizzeria ohnehin schon gerötete Wangen, da fiel es gar nicht auf, dass ihm das Blut ins Gesicht stieg. »Och, ich dachte, ich nehme mir lieber für später was mit nach Hause. Dann hab ich länger was davon. Außerdem sollten wir mal über die Vorkommnisse im Tierheim reden, wo wir jetzt gerade beisammensitzen.« Er machte ein wichtiges Gesicht. »Unsere Investigationen sind schließlich noch lange nicht abgeschlossen.«

»Samuel hat recht«, sagte Esther. »Der Troll ist nach wie vor verschwunden und der Sache mit dem Müll sollten wir auch mal versuchen auf den Grund zu gehen.«

Da fiel Carla etwas ein. Eilig fischte sie ihr Handy aus der Tasche ihres Winteranoraks.

»Ach ja, die Fotos, die du vorhin gemacht hast«, sagte Esther. »Was ist damit?«

»Hoffentlich sind die was geworden, ich hatte ja keine Zeit zu warten, bis sich die Kamera scharf gestellt hat.« Mit gerunzelter Stirn betrachtete Carla die einzelnen Bilder. »Uff, die sind okay. Samuel, hol mal fix dein Handy raus.«

Warum soll Samuel sein Handy rausholen?
Lies morgen weiter.

17. Dezember

Wichtige Indizien

Tatsächlich, das könnten die gleichen Reifen sein«, zischte Samuel, nachdem sie seine Fotos vom Müllhaufen mit denen verglichen hatten, die Carla an der Maismiete gemacht hatte. Die Kunststoffplanen, mit denen die Silage abgedeckt war, hatte man mit alten Autoreifen beschwert. »Das Profil sieht verdammt ähnlich aus, soweit man das auf den Fotos erkennen kann. Gleich groß sind die auf jeden Fall.«

»Wenn das mit dem Müll wirklich Leute von dem Ferienhof waren, dann ist das ja echt mal eine miese Nummer«, sagte Carla.

»Ich sag doch, das klingt nach Zermürbungstaktik«, erinnerte Jonathan. »Nach dem Motto: Ich schmeiße dir so oft heimlich meinen Müll über den Zaun, bis du die Nase voll hast und hier abhaust.«

»Na, hör mal, da gehört aber doch mehr zu als nur so eine dämliche Müllgeschichte«, meinte Samuel. »Schließlich geht es hier nicht um eine Gartenhütte, sondern um ein ganzes Tierheim.«

»Klar«, erwiderte Jonathan. »Zum Beispiel verschwundene Hunde.«

»Du meinst also wirklich, die beiden Fälle hängen zusammen?« Carla machte ein nachdenkliches Gesicht. »Dann sollten wir den Hof vielleicht mal genauer beobachten?«

»›Observieren‹ heißt das in der Fachsprache«, sagte Samuel.

»Ja, Mister Klugscheißer«, erwiderte Carla.

»Schikane halt«, sagte Jonathan. »Wenn Leute kriminelle Energie entwickeln, dann fallen denen die übelsten Sachen ein. Da ist die Tatsache, dass sie einem bei Schnee den Weg nicht mit freischieben, obwohl sie das nötige Gerät dazu haben, ja nur Pipifax.«

»Na, heute werden wir uns da nicht mehr auf die Lauer legen«, stellte Esther fest. »Es ist schon dunkel und wir sind alle müde und erschöpft. Ihr beide vor allem.«

Samuel hob beide Hände. »Und bei mir kommt noch das Pizza-Koma dazu.«

Jonathan knuffte ihn lachend gegen die Schulter. »Nun mach mal hier nicht einen auf Memme. Ich schlag übrigens vor, dass wir noch einmal sehr gründlich das Internet befragen. Das kann man dann auch gemütlich auf dem Sofa.«

Während die Freunde in der Pizzeria saßen, hatte auch Lothar Winter samt Schlitten den Heimweg angetreten. Als Carla und Samuel nach Hause kamen, saß er bereits mit einem Glas Rotwein im Wohnzimmer, hatte die Füße hochgelegt und hörte leise Jazzmusik. »Viele Grüße von eurer lieben Mutter«, sagte er. »Sie hofft, dass die Züge morgen wieder halbwegs planmäßig fahren. Noch sitzen sie im Seminarhaus fest.«

Carla hob den Daumen und verschwand nach oben, um endlich das zu machen, worauf sie sich die ganze Zeit freute: heiß duschen. Und als sie sich danach ins warme Bett gekuschelt und Floyd es sich in ihrer Kniebeuge bequem gemacht hatte, dachte sie nicht mehr an irgendwelche *Investigationen*. Nur um Troll machte sie sich Sorgen, während sie Floyd über das weiche Fell strich. Wo mochte der Hund stecken? Wie es ihm wohl ging? Hoffentlich wurde er wenigstens dort, wo er war, gut versorgt und irrte nicht irgendwo bei der Kälte draußen rum. Obwohl sie im warmen Bett lag, lief Carla bei dem Gedanken ein Schauer über den Rücken und sie spürte einen Kloß im Hals. Hatten sie irgendeinen Fehler gemacht? Trugen sie womöglich Mitschuld an Trolls Verschwinden? Diese traurigen Gedanken nahm sie mit in einen tiefen Schlaf.

Jonathan dagegen hatte sich den Laptop in sein Zimmer geholt und saß an seinem Schreibtisch. Zunächst wusste er noch gar nicht so recht, wonach genau er suchte. Er hoffte, dass er ein-

fach über irgendeine Information stolpern würde. Es kann ja nicht schaden, bei der Homepage des Tierschutzvereins anzufangen, dachte er und klickte sich durch die Seiten. Natürlich gab es da auch ein Foto von Carlas und Samuels Vater und den anderen Leuten vom Vorstand des Tierschutzvereins. Aber auch das Tierheimteam wurde mit Porträtfotos vorgestellt. Der nette Rudolph mit seinem Rauschebart lächelte ihm als Tierheimleiter vom ersten Foto entgegen und auch Maria und Jüppi, die Jonathan nur vom Erzählen kannte, waren abgebildet sowie weitere Mitarbeiterinnen und Mitarbeiter. Tatsächlich gab es auch ein Foto vom Jahrespraktikanten Caspar, der sich für das Foto sogar so etwas wie ein Lächeln abrang. David hieß der junge Mann mit Nachnamen. Caspar David. Das erinnerte Jonathan an etwas, doch er kam im ersten Moment nicht drauf, was es war.

Social Media war das nächste Stichwort, das Jonathan in den Sinn kam. Auf der Startseite waren die Social-Media-Kanäle des Tierschutzvereins verlinkt. Da war eine Menge los auf den Seiten. Fundtiere wurden gepostet, Veranstaltungen angekündigt und Postings von übergeordneten Tierschutzorganisationen geteilt. Kommentare über Kommentare standen darunter, es gab jede Menge Follower. Die meisten lobten die Arbeit des Vereins, aber manche pöbelten auch rum. Jonathan wunderte sich nicht, er kannte das von anderen Plattformen. Und da: Tatsächlich gab es da ein ganz neues Foto vom Tierheim, wie es im Schnee versank! Rudolph, Maria und Jüppi hielten den Daumen in die Kamera. In ihrem kleinen Bericht dankten sie den Ehrenamtlichen, die sich bei widrigen Bedingungen zum Tierheim durchgekämpft hatten, um die Tiere zu versorgen, und ganze zwei Tage dort ausgeharrt hatten, zeitweise ohne Strom und Heizung. Mittlerweile funktioniere aber beides wieder.

»Aha«, murmelte Jonathan vor sich hin. »Das große Frieren hat also zum Glück ein Ende.«

Über dreißig Personen hatten das Posting bereits gelikt, obwohl es erst vor wenigen Minuten online gegangen war. Jonathan klickte die Liste an. Er kannte all die Leute nicht und sah auch keinen Sinn darin, deren Accounts durchzuschauen. Bis sein Blick plötzlich an einem Namen hängen blieb. *Fritz Romantikmaler.* Offensichtlich ein Nickname. Zu dem Account gab es kein richtiges Profilbild. Aber in Jonathans Gehirn machte es klick.

Fritz war die Kurzform von Friedrich. Rasch gab Jonathan die Begriffe *Friedrich* und *Romantikmaler* in die Suchmaschine ein. Und richtig, als die Ergebnisliste auf dem Bildschirm erschien, wusste Jonathan wieder, woran der Name Caspar David ihn erinnert hatte. Vor Kurzem erst hatten sie in der Schule über den Maler Caspar David Friedrich gesprochen. Hinter dem Namen *Fritz Romantikmaler* verbarg sich also niemand anderer als der Jahrespraktikant Caspar mit den rosa Haaren. Jonathan rief dessen Account auf, aber da er mit ihm auf der Plattform nicht befreundet war, konnte er der Seite kaum eine Information entnehmen. Doch so leicht wollte er nicht aufgeben. Irgendetwas musste dieser Bursche doch zu verbergen haben, so sonderbar, wie er sich Carlas Erzählung nach verhalten hatte. Auf gut Glück gab Jonathan den Namen Fritz Romantikmaler in verschiedenen Schreibvarianten in das Feld der Suchmaschine ein. »Na, sieh mal einer an!«, zischte Jonathan durch die Schneidezähne und lächelte zufrieden.

Was hat Jonathan gefunden?
  Lies morgen weiter.

18. Dezember

Indizien

Mitten in der Nacht war Carla aus dem Schlaf hochgeschreckt. Im Traum war sie wieder auf ihrem improvisierten Schlaflager in der kalten Hundehalle gewesen und hatte auf die Geräusche der Nacht gehorcht. Sie fand sich plötzlich auf der Suche nach Samuel und irrte im Dunkeln von Zwinger zu Zwinger, aber da waren keine Hunde hinter den Gittern, sondern schwarze Saatkrähen, die schimpften und schimpften und schimpften.

Doch irgendetwas hatte sie aus den Träumen aufwachen lassen, vielleicht war es Floyd, der neben ihrem Kopfkissen kauerte und schnurrte. Nachdem sie sich im Halbschlaf orientiert und erleichtert festgestellt hatte, dass sie sich in ihrem Zimmer und im warmen Bett befand, war plötzlich eine Erinnerung glasklar aufgetaucht. Rudolphs Worte: *Dafür haben nur die hauptamtlichen Mitarbeiter einen Schlüssel und für das große Tor hängt zusätzlich noch einer am Schlüsselbrett.* Was, wenn sie Caspar gar nicht dabei ertappt hatte, dass er einen Schlüssel an sich nehmen wollte, sondern dabei, dass er einen wieder an Ort und Stelle gehängt hatte? Den Gedanken musste sie unbedingt festhalten. Etwas widerstrebend schlüpfte sie aus dem warmen Bett und huschte zum Schreibtisch, wo sie eine kurze Notiz auf einen Zettel schrieb. Das musste sie am Morgen direkt den anderen mitteilen!

Jonathan kam ihr allerdings mit einem Anruf zuvor. Da heute Samstag war, hätten sie eigentlich ausschlafen können, doch Punkt acht Uhr klingelte ihr Handy. Verschlafen tapste sie wieder zum Schreibtisch, wo ihr Smartphone lag. »Jonathan, hast du mal auf die Uhr geschaut?«, fragte sie gähnend.

»Was für eine Frage«, rief Jonathan fröhlich. »Ich hab doch mein Handy gerade in die Hand genommen, da steht die Uhrzeit dick und fett drauf. Ich wollte ja auch eigentlich deinen Bruder anrufen, aber Samuel geht nicht dran.«

Carla rieb sich mit dem Handballen den Schlafdreck aus dem rechten Auge. »Kein Wunder, der wird noch tief und fest schlafen, schätze ich. Aber gut, dass du anrufst, mir ist nämlich heute Nacht was Wichtiges eingefallen.«

»Ha, und ich hab auch was höchst Interessantes rausgefunden.« Jonathan machte es spannend. »Ich glaube, es würde sich tatsächlich lohnen, unseren Freund mit den rosa Haaren mal etwas genauer unter die Lupe zu nehmen.«

»Das glaube ich auch«, erwiderte Carla. »Am besten, wir treffen uns gleich und checken die Lage. Wollt ihr zu uns kommen?«

»Ich ja, aber Esther ist nicht da«, antwortete Jonathan.

»Hä?«, machte Carla. »Wo treibt die sich denn an einem Samstag so früh rum? Ist die aus Versehen zur Schule gegangen?«

Jonathan lachte. »Sicher nicht. Und wenn ich so aus dem Fenster gucke, dann ist sie ziemlich sicher auch nicht eine Runde durch den Tiefschnee joggen gegangen. Also, ich hab wirklich keine Ahnung, wo die steckt.«

»Hast du schon versucht, sie anzurufen?«, fragte Carla.

»Na, du bist lustig«, sagte Jonathan. »Klar hab ich das. Da geht nur die Mailbox dran. Aber ich komme dann gleich mal rüber, mit einer Tüte Brötchen.«

»Check!«, rief Carla. »Dann bis gleich.«

Nachdem es ihr mit einiger Mühe gelungen war, ihren Bruder aus dem Bett zu schmeißen, saßen Carla, Samuel und Jonathan kurz darauf in der Küche zusammen. Carla verteilte Kräutertee aus der großen Kanne.

»Hey, wo ist denn euer bescheuerter Weihnachtsmann hin?« Jonathan zeigte zur Fensterbank.

»Der wurde von einer Bratpfanne geköpft«, erklärte Carla ganz sachlich. »Aber jetzt erzähl mal, was hast du rausgefunden? Geht es auch um Caspar?«

Jonathan machte ein wichtiges Gesicht. »Hab ich ja am Telefon schon gesagt, es geht um unseren Freund mit den rosa Haaren, Caspar David, aka *Fritz Romantikmaler,* wie er sich in den Social-Media-Foren nennt. Ich hab den Namen mal in verschiedenen Variationen auch in die Suchmaske vom Netbay eingegeben, und siehe da, man landet bei einem Verkäufer, der lauter Sachen anbietet, die mir schwer danach aussehen, dass sie mal im Spendenlager des Tierheims gestanden haben: Transportboxen für Hunde und Katzen, Sicherheitsgeschirre für Hunde, nagelneue Fressnäpfe und so weiter.« Jonathan lehnte sich zurück und verschränkte die Arme. »Na, was sagt ihr?«

»Gute Recherche!« Samuel hielt ihm die Hand zum Abklatschen hin. »Das heißt zwar nicht, dass es wirklich Sachen sind, die dem Tierheim gehörten, aber es ist möglich.«

»Verdächtig ist das allemal«, sagte Jonathan. »Und du, Carla, was ist dir eingefallen?«

Carla schlug sich mit der Faust in die hohle Hand. »Es passt genau dazu! Das sonderbare Verhalten von Caspar, als er da am Schlüsselbrett stand. Ich dachte, er hat da vielleicht einen Schlüssel weggenommen, aber es kann ja auch gut sein, dass er einen Schlüssel zurückgebracht hat! Rudolph hatte uns gesagt, dass nur die hauptamtlichen Mitarbeiter Schlüssel zu der Hintertür und dem rückwärtigen Tor haben, dass aber ein Schlüssel vom Tor auch immer am Brett hängt. Ich ärgere mich, dass ich nicht sofort nachgeschaut habe, ob der Schlüssel da ist. Vielleicht hatte Caspar sich den ja ›ausgeborgt‹ und wollte ihn möglichst schnell zurückbringen, ehe es auffällt. Deshalb ist er im Tierheim erschienen, obwohl er keinen Dienst hatte.«

»Lass mich mal ganz scharf überlegen«, sagte Jonathan. »Wenn ich das richtig mitbekommen habe, hatte der Caspar eigentlich vorgestern Dienst, aber da konnte sich außer euch keiner zum Tierheim durchkämpfen. Deshalb hat er gestern die Gelegenheit genutzt. Der Schlüssel musste zurück, bevor jemand merkte, dass er nicht am Brett hing.«

»Und ihr meint, er hat sich auf diese Weise abends, als keiner am Tierheim war, mit dem Schlüssel Zugang verschafft, um Spenden aus dem Lager zu klauen, die er dann bei Netbay verkloppt?«, fragte Samuel. »Da ist aber ein Denkfehler. Wenn das so war, hatte er nur einen Schlüssel vom Tor und keinen von der Hintertür.«

Carla sah ihren Bruder eindringlich an. »Denk nach, Krimi-Monster, denk nach!«

Samuel klatschte sich mit der Hand vor die Stirn. »Das manipulierte Schloss! Das ist jetzt aber erst eine Theorie. Wir haben nur Indizien, keine Beweise.«

»Aber es ist eine verdammt gute Theorie«, beharrte Jonathan.

»Wenn es stimmt und er auf diese Weise Sachen geklaut hat, frage ich mich, ob er auch den Troll entführt hat«, sagte Carla. »Wo mag Troll sein? Und Esther. Wo steckt die nur?«

Jonathan machte ein geheimnisvolles Gesicht. »Vermutlich befinden wir uns in einer mysteriösen Zeitblase, in der nach und nach auf unerklärliche Weise Lebewesen verschwinden. Zuerst der Hund Troll, jetzt meine nervige Schwester Esther.« Jonathan sah von Samuel zu Carla und zu Floyd. »Wen aus unserer Mitte wird es wohl als Nächsten treffen?«, fragte er mit düsterer Stimme. Floyd sprang auf und rannte maunzend davon.

»Jonathan, du Spinner, trink lieber mal einen Schluck Tee, der hilft bestimmt gegen solche Gehirnknoten!«, rief Carla lachend. Aber wenn sie ehrlich zu sich selbst war, gruselte es sie ein wenig.

Wo ist Esther?
Lies morgen weiter.

19. Dezember

Esther sitzt in der Falle

Frühmorgens um sechs Uhr hatte Esther das Haus verlassen und plötzlich Zweifel an ihrer eigenen Idee bekommen. Wollte sie sich wirklich um diese Zeit in der Dunkelheit und bei dieser Kälte auf den Weg machen? Sie hatte sich zu ihrem Winteranorak noch die Fake-Fur-Mütze von ihrer Mutter, die wegen der plüschigen Ohrenklappen besonders warm hielt, von der Garderobe gemopst. Trotzdem fing sie sofort an zu frieren. War es tatsächlich noch kälter geworden? Doch dann stiefelte sie los.

Obwohl es Samstagmorgen war, war Esther sehr zeitig aufgewacht und konnte nicht wieder einschlafen. Und da hatte sie sich kurzerhand dazu entschlossen, auf Lauerposten zu gehen. Am Abend noch hatte sie die Internetseite vom *Landlust Ferienhof* auf ihrem Smartphone aufgerufen und die junge Frau vom Trecker als Juniorchefin Gabriele Engel wiedererkannt. Sie und ihr jüngerer Bruder Christoph führten in vierter Generation den Hof und waren für die Ferienanlage zuständig, während der Seniorchef und seine Frau den landwirtschaftlichen Betrieb weiterführten. *Wohlfühltage in ländlicher Idylle* wurden da versprochen, *herrliche Ruhe* und *frische Luft.* Auf Wunsch mit rustikalem Frühstück. Und dann waren da viele Fotos gewesen von Hühnern, die tiefenentspannt auf dem Boden pickten, einer schwarzen Katze, die sich in der Sonne rekelte, dem Hofteam, das fröhlich in die Kamera lächelte, und vielen bunten Blumen. Alles aufgenommen bei schönstem Sommerwetter. Esther dachte: Klar, von einer wild gewordenen Juniorchefin, die mit dem Trecker über den Hof donnerte, war darauf nichts zu sehen.

Esther wusste, dass man auf solch einem Hof früh mit der Arbeit begann, und hatte sich also kurzerhand auf den Weg zum Landlust-Hof gemacht. Die Mütze tief in die Stirn gezogen fiel sie immer wieder in Trab, damit sie schneller vorankam und damit es ihr zumindest etwas wärmer wurde. Am Samstagmorgen war um diese Uhrzeit kaum jemand unterwegs, zumal bei den noch immer abenteuerlichen Straßenverhältnissen. Doch wie vermutet, herrschte auf dem Hof bereits geschäftiges Treiben. Ein Scheinwerfer tauchte den Hofplatz in grelles Licht. Die Türen des Stalls und der Scheune standen offen und das dumpfe Muhen der Kühe drang durch den Morgendunst. Warme Luft stieg in weißen Schwaden aus der Stalltür. Die Tiere wurden gerade mit Maissilage gefüttert.

Esther war hinter der Hecke in Deckung gegangen und beobachtete, wie Gabriele Engel mit einer Schubkarre aus dem Stall kam. Ein braun-weißer Hund folgte ihr auf dem Fuße. Esther hielt die Luft an. War das etwa der Troll? Nein, dieser Hund war eindeutig ein Jagdhund, vermutlich ein Kleiner Münsterländer. Ein Foto von Troll hatte Esther sich natürlich schon längst auf der Internetseite vom Tierheim angeschaut. Troll war ein Setter-Mischling und komplett braun. Gabriele Engel hatte einen echten Stechschritt drauf.

Die steht ganz schön unter Strom, genau wie gestern, dachte Esther.

Als die junge Landwirtin über den Hof verschwunden war, huschte Esther zum Stall hinüber, um einen neugierigen Blick hineinzuwerfen. Sie wusste eigentlich nicht genau, wonach sie suchte. Aber es konnte ja nicht schaden, sich einen Überblick zu verschaffen. Vorsichtig machte sie einen Schritt in den Stall hinein. Es dauerte einen Moment, bis sich die Augen an das schummrige Licht gewöhnt hatten. Plötzlich fielen am anderen Ende des Stalls einige Heuballen aus einer Luke herab und wenige Sekunden später stieg jemand eine Leiter herunter. Christoph Engel! Voller Panik wollte Esther zur Tür hinaus verschwinden, doch da nahte von der anderen Seite auch schon wieder die Juniorchefin. Esther blieb nichts anderes übrig, als sich in die dunkle Ecke des Stalls zu drücken, wo sie hinter

einer großen Holzkiste Schutz suchte. Hauptsache, der Hund erschnüffelt mich nicht, fuhr es ihr durch den Kopf. Sie lugte über den Rand der Kiste und wagte kaum zu atmen. Um nicht niesen zu müssen, drückte sie sich die Handschuhhände auf die Nase, denn offenbar wurde in der Kiste Kraftfutter aufbewahrt und es staubte ungemein. Jetzt sitze ich in der Falle, dachte Esther.

Schon war die junge Landwirtin wieder in den Stall gekommen, zu Esthers großer Erleichterung ohne den Hund, und ließ die Schubkarre wütend auf den Boden krachen. »Du bist solch ein Idiot!«, keifte sie ihren Bruder an. »Wenn du so weitermachst, haben wir unsere guten Karten bei der Flurbereinigung verspielt! Wir hatten abgemacht, dass wir die Füße stillhalten! Wenn das rauskommt, werden wir das Grundstück für die Erweiterung nie bekommen!«

»Ja, ist ja gut«, knurrte Christoph Engel und schnitt mit einem Messer die Schnüre auf, mit denen das Heu gebunden war.

»Nix ist gut!«, schimpfte seine Schwester. »Keinen Cent mehr werde ich investieren! Du kannst deinen Mist alleine machen.« Sie bugsierte die Karre neben die Holzkiste und verließ den Stall. Esther hatte gerade noch rechtzeitig den Kopf eingezogen. Und dann hatte sie einfach nur dagesessen und sich die Hände auf die Nase gepresst. Wütend brummelte Christoph Engel vor sich hin. Nach einer gefühlten Ewigkeit verließ auch er den Stall und Esther konnte aus ihrem Versteck und in der Dunkelheit verschwinden. Außer Atem zückte sie ihr Smartphone.

In diesem Moment piepste in der Küche der Familie Winter Carlas Handy. »Eine Sprachnachricht von Esther!« Carla stellte den Lautsprecher an.

»Hier Außenposten an Basis«, kam Esthers Stimme aus dem Handy. »Habe eine Observierung durchgeführt. Komme mit wichtigen Erkenntnissen zurück. Heißer Kakao und frische

Brötchen wären nicht schlecht. Bin in zirka einer halben Stunde da. Over.«

Carla schieb zurück: *Brötchen sind am Start. Tut's auch Kräutertee? Sitzen bei uns in der Küche. Jonny ist auch hier. Sag den Schlittenhunden, sie sollen einen Zahn zulegen.*

Esthers Antwort kam prompt: *Bitte Kakao! Ich hasse Kräutertee! Solltest du eigentlich wissen.* Ein Emoji streckte die Zunge raus.

Es dauerte dann doch noch etwas länger, bis Esther endlich völlig durchgefroren, vor der Haustür stand. Carla hatte die letzten beiden Brötchen für ihre Freundin erfolgreich gegen Lothar Winter verteidigt, der nun auch aufgestanden war, um die Mutter vom Bahnhof abzuholen. Er murmelte etwas von *undankbarer Brut* und begnügte sich mit Knäckebrot.

»Alter!«, schnaufte Esther, schlüpfte aus den Winterstiefeln und zog sich mit den Zähnen die Handschuhe von den Fingern. »Kein Neuschnee mehr, aber gefühlt noch zehn Grad kälter. Übrigens kam mir gerade Lolo mitsamt Schlitten entgegen und sagte, ich sollte mir die Brötchen schmecken lassen.«

»Pft!« Carla hielt sich kichernd die Hand vor den Mund. »Kakao ist gerade fertig. Und wehe, du sagst nicht, dass das der weltbeste Kakao ist!«

Esther schob sich neben ihren Bruder auf die Küchenbank, nippte vorsichtig an dem heißen Getränk und hob den Daumen. »Dann bringen wir dich mal eben auf den neuesten Stand unserer Ermittlungen«, sagte Jonathan und dann erzählten die drei abwechselnd, was sie an Indizien über den Jahrespraktikanten zusammengetragen hatten.

Passen die Puzzleteile ihrer Ermittlungen zusammen?
Lies morgen weiter.

20. Dezember

Schluckauf

Und jetzt verrate uns mal, wo du dich in aller Frühe herumgetrieben hast«, forderte Carla Esther auf.

Esther wärmte ihre Hände am Kakaobecher. »Ich bin einer anderen Spur gefolgt und hab mir den Ferienhof genauer angesehen. Ich bin verdammt früh aufgewacht und konnte nicht wieder einschlafen. Vollmond, wisst ihr. Na ja, und da dachte ich, auf so Bauernhöfen ist ja auch immer früh Tag, und bin losgestiefelt.«

Erstaunt zog Samuel die Augenbrauen hoch. »Du ganz allein? Bei der Kälte und im Dunkeln? Puh, alle Achtung.«

Esther machte eine Faust. »Aber es hat sich gelohnt.« Dann berichtete sie in aller Ausführlichkeit von ihren Beobachtungen auf dem Ferienhof. »Ich sag euch, da ist ganz schön Zoff zwischen den Geschwistern am Start und der Juniorchef, Christoph Engel heißt der, der scheint tatsächlich irgendeinen Bockmist gebaut zu haben.«

»Hm, Flurreinigung, sagst du?« Samuel stand ein Fragezeichen ins Gesicht geschrieben. »Haben die sich gestritten, wer den Hausflur putzt, oder worum geht's da?«

»Nein, das heißt Flur-be-reinigung.« Jonathan hatte natürlich sofort sein Smartphone gezückt, um den Begriff in die Suchmaschine einzugeben. »Hier steht: ›Flurbereinigung‹ nennt man das Bodenordnungsverfahren, das die Neuordnung des land- und forstwirtschaftlichen Grundbesitzes zum Ziel hat.«

Carla zog die Augenbrauen hoch. »Ich verstehe nur Bahnhof.«

Jonathan las weiter und erklärte dann: »Wenn ich das richtig verstehe, dann geht es darum, dass Flächen getauscht werden, damit kleinere Flächen, die einer bestimmten Person oder so gehören und verstreut liegen, zu einer größeren zusammengefasst werden. So kann man die dann besser nutzen.«

»Okay«, sagte Samuel. »Das bedeutet aber, dass die Person, mit der getauscht werden soll, auch einverstanden sein muss.«

»Was sie zum Beispiel nicht wäre, wenn sie dadurch Nachteile hätte«, schlussfolgerte Esther. »Also, angenommen, ich hätte ein Feld und sollte dafür ein anderes Feld bekommen, das aber total sumpfig ist, dann würde ich natürlich dem Tausch nicht zustimmen.«

»Puh, das klingt ziemlich kompliziert«, sagte Jonathan. »Hier steht, dass es dafür eine eigene Behörde gibt.«

»Auf jeden Fall müssen die irgendeinen Deal mit der Behörde am Laufen haben. Ich erinnere mich ganz deutlich, was die Gabriele Engel ihrem Bruder vorgeworfen hat«, sagte Esther. *»Wir hatten abgemacht, dass wir die Füße stillhalten! Wenn das rauskommt, werden wir das Grundstück für die Erweiterung nie bekommen!* Es geht also um eine Erweiterung. Ob die noch mehr Ferienwohnungen bauen wollen?«

»Wenn das rauskommt …«, wiederholte Carla nachdenklich. »Fragt sich, was da nicht rauskommen soll. Und ob das überhaupt was mit dem Tierheim zu tun hat. Und mit Troll.«

»Oder mit dem Müll«, erinnerte Samuel. »Denk an die Autoreifen.«

»Ich glaube, wir sollten uns nachher mal ausführlicher mit Lolo unterhalten und ihn fragen, was da genau abgelaufen ist mit dem Landlust-Bauern«, meinte Carla.

Und wie auf das Stichwort wurde im selben Moment die Haustür aufgeschlossen. Mit einem kalten Luftzug kamen die Eltern ins Haus geschneit und brachten eine weitere Tüte Brötchen mit.

»Aber erst mal kein Wort über unsere Investigationen zu den Altvorderen«, zischte Samuel. »Da müssen wir ganz geschickt vorgehen.«

»Versteht sich von selbst«, flüsterte Jonathan.

Das gab ein großes Hallo. Carla beeilte sich, zwei weitere Brettchen und Tassen auf den Tisch zu stellen, und während

Lothar Winter Kaffee aufsetzte, erzählten die Kinder und ihre Mutter sich gegenseitig von ihren Schneechaos-Erlebnissen.

»Puh, bin ich froh, endlich wieder zu Hause zu sein«, stöhnte Judith Winter. »Es war gar nicht so leicht, eine Zugverbindung zu kriegen. Einige Strecken sind noch immer nicht befahrbar.«

»Aber jetzt bist du ja da«, sagte Carla und hielt ihrer Mutter das Körbchen mit den Brötchen unter die Nase. »Wir waren auch froh, als wir wieder zu Hause waren. Wir haben im Tierheim so gefroren! Und Samuel litt außerdem noch unter Pizza-Entzug.«

Die Mutter zwinkerte ihr zu. »Ihr seid Helden.«

Esther war es, die den Vorstoß wagte. »Sag mal, Lolo, wir haben uns im Internet ein bisschen über das Tierheim informiert, und dabei sind uns ein paar Zeitungsartikel aufgefallen. Mit diesem komischen Bauer Engel habt ihr wohl ein wenig Zoff, wie? Hundekacke? Lautes Gebell?«

Lothar Winter hätte sich beinahe an seinem Brötchen verschluckt und musste husten. Dann bekam er einen Schluckauf. »Ein wenig ist gut. Hicks!«

Der Kaffee war inzwischen durchgelaufen und Carla goss ihm rasch eine Tasse ein. »Hier, trink erst mal was.«

»Ja, die Engels behaupten, durch unsere Hunde würden ihre Feriengäste belästigt, hicks! So ein Blödsinn«, erklärte der Vater und biss herzhaft in sein Brötchen.

Die vier Freunde schwiegen. Dies war ja nun keine Neuigkeit für sie gewesen. »Hicks!«, machte Lothar Winter. »Aber die Sache ist noch viel komplizierter. Hicks!«

Carla, Samuel, Esther und Jonathan horchten auf.

Nach dem Frühstück hockten alle vier in Carlas Zimmer im Schneidersitz auf dem Fußboden. Floyd hatte sich auf Carlas Schoß gekringelt und machte im Schlaf lustige Geräusche. Bei diesem Anblick dachte Samuel an die Kuschelnacht mit Schnipsel und bekam plötzlich Sehnsucht nach dem Wuschelhund.

Jonathan holte ihn aus seinen Gedanken. »Ich hab doch gesagt, da geht es um Zermürbungstaktik. Die stören sich also nicht nur am Gekläffe, die sind auch noch scharf auf das angrenzende Grundstück. Und so wie Lolo das gerade erklärt hat, hat dafür aber ausgerechnet der Tierschutzverein das Vorkaufsrecht.«

»Und du meinst, diese Gabriele Engel hat rausgefunden, dass ihr Bruder den Müll auf das Grundstück vom Tierheim geworfen hat?«, fragte Carla. »Angenommen, er war das wirklich.«

Esther zuckte mit den Schultern. »Könnte doch sein. Und wenn diese Flur-Dingsbums-Behörde davon Wind bekommt, wie bescheuert sich Familie Engel benimmt, dann sind die nicht mehr bereit, ihnen entgegenzukommen.«

»Moment, Moment, Moment!« Samuel fasste sich mit beiden Händen an den Kopf. »Noch mal von vorne. Wie jetzt?«

Esther zählte an den Fingern ab. »Erstens: Familie Engel will groß rauskommen mit ihren tollen Landhaus-Ferienwohnungen, aber das Tierheim in unmittelbarer Nähe ist da nicht gerade super mit dem Hundegebell. Okay, und manchmal auch Hundehaufen.«

»Zweitens«, fuhr Carla fort. »Der Landlust-Hof will noch mehr Wohnungen bauen und braucht dafür das Grundstück, das den Engels aber nicht gehört und für das der Tierschutzverein ein Vorkaufsrecht hat. So hat es Lolo gerade erklärt. Das wäre für die Engels der Supergau. Kein Grundstück, aber noch mehr Hundelärm.«

»Drittens: Die Engels versuchen über die Flur-Dingsbums-Behörde einen Deal«, erklärte Esther. »Sie hoffen auf einen Grundstückstausch, sodass sie doch noch zum Zuge kommen.«

»Aber damit nicht genug!«, fiel Jonathan ihr ins Wort. »Jetzt kommt der Clou!«

Kommen die Freunde den Engels auf die Schliche?
  Lies morgen weiter.

21. Dezember

Eine Falle für den Dieb

Viertens: Dieser Hornochse Christoph Engel schikaniert das Tierheim, wo er nur kann, damit die Tierschützer irgendwann so genervt sind, dass sie da nur noch wegwollen. Sie hoffen auf ein anderes Grundstück, wo sie in Ruhe und Frieden ihr kleines Tierheim neu ansiedeln können. Du hast Lolo doch vorhin gehört, der Engel parkt denen manchmal sogar die Zufahrt zu. Oder die Sache mit dem Schneeschieben … Und seine Schwester ist deshalb megasauer auf ihn. Denn wenn das rauskommt, könnte der Deal platzen.«

Man sah Samuel förmlich an, dass es in seinem Gehirn ratterte. Schließlich sagte er: »Aber was hat all das mit Troll zu tun?«

Die anderen drei sahen sich an und sagten dann wie aus einem Munde: »Keine Ahnung!«

In diesem Moment rief Judith Winter nach ihren Kindern.

Carla klatschte sich mit der Hand an die Stirn. »Mist, total vergessen. Samuel, wir müssen los. Tannenbaumaktion.«

In jedem Jahr stiefelte Familie Winter am Samstag vor Weihnachten gemeinsam zur Tannenbaum-Schonung, um einen Baum auszusuchen. Das war so Tradition. Carla wies auf ihren Schoß. »Ich hab nur ein Problem. Ich kann nicht aufstehen. Der Kater schläft.«

»Komm, wir holen uns ein paar Mandelhörnchen«, schlug Jonathan vor, als Esther und er auf dem Weg nach Hause an der Bäckerei Glocke vorbeikamen. Gerade hatten sie an der Theke die kleine Tüte mit dem süßen Gebäck entgegengenommen, da tippte Esther ihrem Bruder auf die Schulter. »Schau mal, da.«

Durch das Schaufenster sahen sie Caspar auf der anderen Straßenseite entlanggehen. Zwar konnte man sein Gesicht wieder nicht erkennen, aber die Kleidung und die Körperhaltung identifizierten ihn eindeutig als den Jahrespraktikanten. Eilig ließ Jonathan die Münzen auf den Zahlteller klimpern, dann flitzten die Geschwister hinaus. »Komm, dem heften wir uns mal schön unauffällig an die Fersen«, zischte Esther. »Kann ja nicht schaden zu wissen, wo der wohnt.«

So tief, wie Caspars Kopf in der Kapuze versunken war, war es für die Geschwister nicht schwierig, ihm zu folgen, ohne gesehen zu werden. Kein einziges Mal sah Caspar sich um, sondern lief wie von einer Schnur gezogen durch die Spuren, die man auf den Bürgersteigen in den Schnee geräumt hatte. Am anderen Ende des Ortes verschwand er schließlich in einem Reihenhaus mit einem beleuchteten Weihnachtsmann im Vorgarten.

»Und was machen wir jetzt?«, fragte Esther. »Klingeln und fragen: Hey, du, klaust du zufällig Sachen aus dem Tierheim, um sie bei Netbay zu verhökern? Unter anderem auch Hunde?«

Jonathan verengte die Augen zu Schlitzen. »Wir essen jetzt erst mal die Mandelhörnchen. Das gibt Energie, die direkt ins Blut und ins Gehirn schwappt. Ich hab da nämlich auch schon eine ziemlich geniale Idee.«

Kurz darauf saßen sie am Esstisch. Jonathan hatte den Laptop hochgefahren und rief nun die Netbay-Seite auf. »Hier gibt's nämlich so einen Button, über den man den Verkäufern direkt eine Frage stellen kann.« Die Angebote von *david_friedrich*, wie Caspar sich dort nannte, hatte er schnell gefunden. *Guten Tag, ich interessiere mich für die angebotene Pet-Box. Scheint mir gute Qualität zum kleinen Preis zu sein. Haben Sie nur die eine im Angebot? Ich würde gerne mehrere kaufen. Gruß, J. B.* Mit einem Klick auf Enter schickte Jonathan die Nachricht ab. »Klingt das erwachsen genug?«

Esther biss gerade in ihr Mandelhörnchen und nickte. »Ich fühle es übrigens schon«, sagte sie mampfend.

»Was denn?«, fragte Jonathan.

»Na, wie mir die Mandelhörnchen-Energie ins Gehirn fließt«, kicherte Esther. »Jetzt bin ich aber mal neugierig, ob der Casperle auf die Lock-Mail antwortet, und wenn ja, was.«

Jonathan ballte die Faust. »Ich wette, wenn der jetzt ein Geschäft wittert, geht der drauf ein.«

Und richtig, es dauerte nicht lange, bis die Antwort von *david_friedrich* kam. *Hallo, bisher nur die eine. Kann aber versuchen, noch weitere zu besorgen.*

Jetzt schlug Jonathan die Faust in die hohle Hand. »Na, wenn das mal nicht verdächtig klingt!«

»Und jetzt?« Esther wischte sich mit dem Handrücken Mandelkrümel vom Mund. »Willst du darauf eingehen?«

»Na klar, was denkst du denn!«, rief Jonathan. »Und dann versuchen wir, ihn auf frischer Tat zu ertappen.«

»Dabei scheint er ein vertrauenswürdiger Händler zu sein«, bemerkte Esther lachend und zeigte auf den Bildschirm. »Schau: 100 Prozent positive Bewertungen.«

Gerade wollte Jonathan den Laptop zuklappen, da rief Esther: »Apropos. Warte mal! Geh noch mal zurück auf die Startseite der Suchmaschine und gib *Tierheim Tannenhof* ein. Mir ist da in dem Zusammenhang gerade brandheiß was eingefallen. Was eignet sich besser, wenn man jemandem übel mitspielen will, als das Internet?«

»Hä?«, machte Jonathan. »Und wem willst du übel mitspielen?«

Esther boxte ihrem Bruder gegen die Schulter. »Ich doch nicht, du Dussel! Aber andere dem Tierheim vielleicht. Schauen wir doch einfach mal nach. Klick mal die Beurteilungen an.«

Jonathan folgte den Anweisungen seiner Schwester und dann fielen ihm beinahe die Augen aus dem Kopf. »Na, sieh mal einer an. In den letzten Wochen nur schlechte Bewertungen! Ein Stern, zwei Sterne, maximal mal drei von fünf Sternen.«

Esther machte ein verbissenes Gesicht. »Das ist dann quasi die digitale Version von Müll-über-den-Zaun-Werfen. Du spitzt ein paar Spezis an, eine schlechte Bewertung zu schreiben, und dann kann sich der Betroffene kaum dagegen wehren. So eine miese Tour!«

Schweigend lasen Esther und Jonathan die neuesten Bewertungen durch und spürten, wie sich der Wutknoten im Bauch immer stärker zusammenzog.

Von einem *total unfähigen Team* war da bei den Bewertungen des Tierheims die Rede oder von *schlechter Versorgung der Tiere* und *miserablen hygienischen Verhältnissen. Hab da eine Katze adoptiert. Die stellte sich als total krank heraus. Auf den Tierarztkosten bleibe ich sitzen,* kommentierte jemand und eine Person schrieb einfach nur *Nie wieder Tierheim Tannenhof!.* Natürlich hatte niemand seinen richtigen Namen bei den Kommentaren genannt.

»So ein Bullshit! So eine gemeine Lügerei!«, schimpfte Esther.

Jonathan tippte auf den Bildschirm. »Lauter Nicknames, dahinter kann man sich natürlich gut verstecken. Hasi-Mausi, Grütze P., Frontlader GTI, Christ Baum, Wichtelmännlein … Pfft, was für bekloppte Namen sich manche ausdenken!«

»Vermutlich alles Kumpels von Christoph Engel«, knurrte Esther. »*Christ Baum* … Das könnte er vielleicht sogar selbst sein. Oder *Frontlader GTI.*«

»Frontlader GTI klingt eher nach seiner Schwester, so wie die mit dem Teil über den Hof gebrettert ist«, erinnerte Jonathan.

Plötzlich wurde Esther auf einen besonderen Eintrag aufmerksam. »Hoppla, was sehen meine Adleraugen denn da?«

Können die Freunde Caspar in eine Falle locken?
Lies morgen weiter.

22. Dezember

Sterne, Sterne, Sterne

Jonathan las die Bewertung vor, die ein gewisser *Sual Okin* geschrieben hatte. Dass man den Namen rückwärtslesen musste, hatte Jonathan natürlich sofort kombiniert. *»Dieser Saftladen ist überhaupt nicht zu empfehlen. Ich stand als Erster für einen Hund auf der Interessentenliste und bekam trotzdem eine Absage. Die haben es wohl nicht nötig, die Tiere zu vermitteln.«* Jonathan sah seine Schwester an. »Das ist ja interessant. Mich würde doch mal stark interessieren, um welchen Hund es ging. Oder ob das auch ein Fake-Eintrag ist?«

»Das wird sich ja leicht rausfinden lassen.« Esther hatte bereits ihr Smartphone gezückt und wählte Carlas Nummer.

»Esther, das ist Gedankenübertragung!«, rief Carla am anderen Ende. »Ich wollte dich nämlich auch gerade anrufen. Wir sind jetzt dabei, den Tannenbaum zu schmücken, und du glaubst nicht, was vorhin passiert ist.«

»Das Christkind hat sich im Datum vertan und war schon da«, antwortete Esther.

»Quatsch!«, rief Carla lachend. »Aber es stand tatsächlich jemand vor der Tür, nämlich zwei Polizisten. Lolo, Samuel und ich mussten eine Zeugenaussage machen. So richtig professionell. Wegen Troll. Der Rudolph hat nämlich jetzt Anzeige erstattet.«

»Anzeige gegen unbekannt. So nennt man das nämlich, wenn man nicht weiß, wer der Übeltäter ist«, quatschte Samuel aus dem Hintergrund dazwischen.

»Ja, Mister Klugscheißer«, raunte Carla ihren Bruder an. »Aber du hast angerufen, Esther, gibt's bei euch was Neues?«

»Kann man wohl sagen.« Kurz berichtete Esther von den vielen negativen Bewertungen auf dem Suchportal. »Aber ein Kommentar war dazwischen, der ist mir besonders aufgefallen.« Esther las ihrer Freundin den Text vor. »Kannst du Lolo mal fragen, ob er weiß, um welchen Hund es dabei ging?«

»Hm«, machte Carla. »Lolo ist gerade unterwegs. Wir hatten nicht genug von diesen Häkchen, mit denen man den Baumschmuck aufhängt. Aber … ich könnte ja im Tierheim anrufen. Ich melde mit gleich wieder.« Und damit war Carla aus der Leitung verschwunden.

Jonathan hatte in der Zwischenzeit mit dem Nicknamen *Sual Okin* Suchanfragen auf den verschiedenen Portalen im Internet gestartet, war aber nicht fündig geworden. »Es gibt ja Typen, die legen sich für so was extra einen Account an«, sagte er.

Und dann, wenige Minuten später, passierten zwei Dinge gleichzeitig: Zum einen traf eine Antwort von *david_friedrich* ein und zum anderen rief Carla zurück und war ziemlich aufgeregt. »Bingo, Esther! Brandheiße Spur! Es könnte dabei tatsächlich um Troll gehen. Maria hat mir gerade am Telefon gesagt, dass es da einen Interessenten für den Hund gab, an den sie ihn aber nicht vermitteln wollten, weil sie den Typen für ungeeignet hielten. Wie der Knilch heißt, durfte sie mir aber nicht sagen. Datenschutz und so.«

»Hat sie auch gesagt, warum sie den nicht für geeignet hielten?«, hakte Esther nach.

»Ja, von dem war wohl schon mal ein Hund im Tierheim gelandet, der war von zu Hause abgehauen«, erzählte Carla. »Und den wollte der damals nicht wiederhaben, weil er mit dem Tier nicht gut klarkam.«

»Manche Leute haben Vorstellungen!«, raunte Esther. »Und dann beschwert der sich auch noch mit 'ner negativen Bewertung. Der hat Nerven! Und Maria durfte dir sonst nichts sagen?«

»Sie hat angedeutet, dass das noch ein jüngerer Typ sein soll, der in der Stern-Siedlung wohnt«, sagte Carla.

»In der Stern-Siedlung?«, rief Esther. »Da pups ich doch glatt alle Kerzen vom Adventskranz aus! Da wohnt auch der Caspar!«

»Kann was bedeuten, muss es aber nicht«, sagte Carla. »Du, ich muss jetzt hier weitermachen, Lolo ist gerade wieder da.«

Jonathan hatte natürlich alles mitgehört und hielt beide Daumen in die Höhe. »Und jetzt rate, was *david_friedrich* aka Caspar schreibt. *Wie viele Pet-Boxen brauchen Sie? Könnte morgen zwei weitere klarmachen.* Das kann nur eins bedeuten! Wenn Caspar tatsächlich Sachen verkauft, die er im Tierheim mopst, und gerade in Erfahrung gebracht hat, dass er zwei weitere von den Boxen beschaffen kann, dann heißt das für mich, dass er heute im Tierheim ist. Sonst hätte er ja nicht nachschauen können.«

»Dann wird er versuchen, die beiden Boxen aus dem Tierheim zu schaffen, ohne dass es jemand mitbekommt«, schlussfolgerte Esther. »Er hat geschrieben, dass er morgen zwei weitere ›klarmachen‹ kann?« Jonathan nickte.

Esther griff mit entschlossener Miene nach ihrem Handy. »Dann sollten wir mal schleunigst Carla und Samuel Bescheid geben und zusehen, dass wir zum Tierheim kommen.« Carla erklärte, sie hätten Mühe gehabt, den großen Stern an der Spitze des ultimativ schrägen Baumes anzubringen, aber das sei nun geschafft. »Wir treffen uns an der Hauptstraße, okay?«

Die Stern-Siedlung hieß Stern-Siedlung, weil die Straßen wie die Strahlen eines Sterns von einem Kreisverkehr aus in alle Richtungen führten. Jonathan und Esther machten einen Abstecher durch die Siedlung. Sie hatten die Hoffnung, dass ihnen etwas Verdächtiges auffallen würde. Und wie großartig wäre das, wenn sie Troll finden würden, und zwar schneller als die Polizei! Doch die wenigen Personen, die sie auf den Straßen antrafen, waren dabei, Schnee zu schaufeln. Ein einziger Hund wurde ausgeführt, ein kleiner Terrier mit Mäntelchen. In dem Haus, in dem Caspar wohnte, waren alle Fenster dunkel.

»Dann haben wir also jetzt drei heiße Spuren«, fasste Esther zusammen, als sie zu viert weiterliefen Richtung Tierheim. »Die

Grundstücksgeschichte mit dem Nachbarn, die Vermutung, dass Caspar sich an den Sachspenden des Tierheims bedient hat, um sie im Internet zu verticken, und die Frage, ob dieser *Sual Okin* was mit dem Verschwinden von Troll zu tun hat.«

»Könnte ja sein, dass die Fäden der drei heißen Spuren sich kreuzen oder sogar irgendwo zusammenlaufen«, sagte Jonathan. »Vielleicht laufen sie aber auch parallel.«

»Parallelen treffen sich im Unendlichen«, stellte Samuel fest.

»Ja, Mister Klugscheißer«, frotzelte Carla.

»Na, da seid ihr ja schon wieder!«, grüßte Rudolph die Freunde, als sie in den Empfangsraum traten, in dem es jetzt wieder angenehm warm war. »Ihr hattet wohl Sehnsucht.«

Samuel machte eine wegwerfende Handbewegung. »Ach, die Carla hat ihr Ladekabel im Büro liegen gelassen. Und ich wollte bei der Gelegenheit dem Schnipsel mal Hallo sagen.« Auf dem Weg zum Tierheim hatten sie ihre Strategie genau abgesprochen. Carla wusste, wo an der Empfangstheke die Liste mit den Interessenten für die Hunde lag. Samuel verschwand kurz in der Hundehalle und kam dann mit besorgter Miene zum Empfang zurück. »Rudolph, kannst du mal nach dem Schnipsel gucken? Ich glaube, der humpelt.«

In der Zeit, in der Samuel den Tierheimleiter zum Zwinger gelockt hatte, wo dieser ihm versicherte, Schnipsel habe sich bestimmt nur kurzzeitig die Pfote versprungen, warf Carla einen Adlerblick auf die Liste. Esther und Jonathan standen Schmiere. Und als sie »Achtung, er kommt zurück!« zischten, hatte Carla längst die Information gesehen, die sie brauchte.

Hat Caspar wirklich etwas mit Trolls Verschwinden zu tun?
Lies morgen weiter.

23. Dezember

Parallelen

Doch Carla hatte noch etwas erfasst. Der Schlüssel vom großen Tor auf der Rückseite hing am Schlüsselbrett.

In einer geschützten Ecke des Materiallagers trafen sich die vier zur Lagebesprechung. »Klaus Hirte heißt unser Sual Okin in Wahrheit«, flüsterte Carla. »Klaus ist ja die Kurzform von Nikolaus, das passt also. Und er wohnt im Fichtenweg. Der liegt in der Stern-Siedlung, das passt auch. Der Name ist auf der Liste fett durchgestrichen. Das soll dann wohl heißen: Der Typ und der Hund, das passt nicht.«

Wie im Reflex zückte Jonathan sein Smartphone. »Klaus Hirte? Kommt mir irgendwie bekannt vor. Der ist mir ganz sicher bei meiner Recherche schon begegnet.« Hektisch wischte er über das Display. »Mist, hier ist aber auch ein mieses Netz!«

»Geh vor die Tür, da ist es etwas besser«, schlug Carla vor.

Und als Jonathan nach der Klinke der Hintertür griff, stutzte er. »Nanu, geht die immer so leicht auf?«

»Bingo«, flüsterte Samuel. »Genau wie wir das gedacht haben. Und schaut mal, was da parat steht!« Er zeigte auf eine Nische in unmittelbarer Nähe zur Tür. Und da stand nichts anderes als zwei Transportboxen für Tiere vom selben Modell, das Caspar auf Netbay angeboten hatte. Carla nahm das Schloss genauer unter die Lupe. »Derselbe Trick. Da steckt ein winziges Hölzchen dazwischen.«

»Wenn unsere Theorie stimmt, dann wird Caspar versuchen, nach Feierabend hier reinzukommen, um die Boxen zu holen. Denn der will sie mir ja morgen schon anbieten«, sagte Jonathan.

»Dafür müsste er wieder über Nacht den Schlüssel vom Tor mitnehmen«, schlussfolgerte Carla. »Noch hängt der Schlüssel vorn am Schlüsselbrett. Er hat nicht mehr viel Zeit, ihn an sich zu nehmen, denn gleich ist hier Feierabend im Tierheim.«

»Ha, ich hab's gewusst!«, rief plötzlich Jonathan von draußen. »Auf meine grauen Zellen kann ich mich verlassen. Hier ist ein Foto, das Caspar in seinem Account gepostet hat. Klaus Hirte und er wohnen nicht nur in derselben Siedlung, die spielen auch in derselben Mannschaft Fußball.«

Bald darauf machte Rudolph seine letzte Kontrollrunde, dann verließen alle Mitarbeiter, die an diesem Tag Dienst hatten, das Gebäude und mit ihnen die vier Freunde. Im Hinausgehen hatte Carla erfasst, dass der Schlüssel noch immer an Ort und Stelle hing. Gewissenhaft schloss Rudolph die Eingangstür ab, dann steuerten alle auf das Eingangstor zu und wünschten sich einen angenehmen Heimweg. Es war inzwischen dunkel geworden.

Carla warf den anderen einen enttäuschten Blick zu. Caspar hatte den Schlüssel nicht an sich genommen.

»Ach, verdammt, jetzt habe ich meine Handschuhe drinnen liegen gelassen!«, rief Caspar plötzlich und bat Rudolph, ihm den Schlüssel für die Eingangstür zu geben. »Ich beeile mich.«

»Bingo!«, hätte Carla am liebsten laut gerufen. Na klar, Caspar hatte keine Gelegenheit gehabt, heimlich nach dem Schlüssel zu greifen. Aber jetzt konnte er das ungesehen nachholen. Der Plan ging auf! Seine Handschuhe in der Luft schwenkend, kam Caspar zurück und gab Rudolph den Schlüssel der Eingangstür wieder.

»Soll ich irgendwen mitnehmen? Bin mit dem Bulli hier«, sagte Rudolph, doch Caspar zeigte auf seinen Motorroller. »Und ich mit dem da. Schöne Schlitterpartie.« Maria und Jüppi waren bereits in ihre Autos gestiegen. Auch die vier Freunde winkten ab und taten so, als würden sie losstiefeln. »Und wir machen eine schöne Winterwanderung im Dunkeln!«, rief Samuel und hob die Hand zum Abschied. Kurz darauf waren sie allein.

Jonathan trat von einem Fuß auf den anderen und rieb sich die Hände. »Hoffentlich lässt der nicht so lange auf sich warten.«

»Glaube ich nicht«, antwortete Carla. »Der wär ja schön blöd, wenn er erst nach Hause fahren würde bei den Straßenverhältnissen.« Und wie auf Kommando hörten sie wenig später schon das Knattern von Caspars Motorroller. Schnell schlugen die Detektive sich in die Büsche.

Ein gutes Stück vor dem Tierheim hielt Caspar an und schob das Fahrzeug zwischen die Bäume. Dann schlich er zum hinteren Tor und zog etwas aus der Jackentasche. Kurz darauf war er hindurchgeschlüpft und dann durch die Hintertür im Gebäude verschwunden.

»Jetzt!«, gab Carla das Kommando. Leise wie die Füchse schlichen die Freunde durch das offen stehende Tor und positionierten sich links und rechts neben der Hintertür. Und das keine Sekunde zu früh, denn schon kam Caspar, die beiden Boxen unter den Arm geklemmt, wieder heraus, huschte an den Freunden vorbei und steuerte auf das Tor zu. Das war der Moment, in dem sie hinter ihn traten und Esther ihm auf die Schulter tippte. »Die Boxen willst du doch wohl nicht auf deinem Roller transportieren. Viel zu gefährlich«, sagte sie.

»Ach, das geht schon«, antwortete Casper wohl aus einem Reflex, als ihm plötzlich bewusst wurde, in welch peinlicher Situation er sich befand. »Ihr? Was macht ihr hier?«

Jonathan baute sich vor Caspar auf. »Viel wichtigere Frage: Was machst du hier, ›David Friedrich‹?«

»Ich …«, stotterte Caspar. »Woher …?«

Jonathan zeigte auf die beiden Boxen. »Eigentlich könntest du die mir direkt geben, die wolltest du mir nämlich morgen verkaufen. Aber weißt du, was? Das kannst du dir sparen, ich kaufe nämlich keine geklauten Sachen. Abgesehen davon, dass ich gar keinen Hund habe.«

»Wobei wir beim nächsten Thema sind«, mischte sich jetzt Carla ein. »Wo ist Troll?«

»Troll? Hä? Wollt ihr mich auf den Arm nehmen?«, maulte Caspar. »Was soll der Zirkus?«

»Schöne Bescherung, was?«, sagte Samuel. »Wir sind dir auf die Schliche gekommen. Heimlich die Sachspenden aus dem Tierheim mitgehen lassen und dann bei Netbay verkaufen.«

Caspar hob abwehrend die Hand. »Jetzt mal langsam. Das mit den Sachen hier, das ist mit Rudolph abgesprochen. Der Erlös, der kommt dem Tierheim zugute. Ehrenwort.«

»Ja, ist klar!«, lachte Esther spöttisch. »Und weil das mit Rudolph abgesprochen ist, musst du dich nach Feierabend heimlich durch die Hintertür reinschleichen? Mit, sagen wir mal, geliehenem Schlüssel und manipuliertem Türschloss. Ehrenwort geschenkt! Wir lassen uns doch nicht vergackeiern.«

Jonathan stemmte sich die Hände in die Seiten. »Das kannst du alles dem Rudolph selbst erklären. Sieh es doch ein, Freundchen, wir haben dich auf frischer Tat ertappt.«

Caspar riss die Augen auf. Sein Atem ging schnell und seine Blicke wanderten hektisch hin und her. Für einen Moment schien er nach einem Fluchtweg zu suchen, sah dann aber offenbar ein, dass eine Flucht sinnlos war. Was hätte sie ihm auch gebracht? Nichts. Man konnte ihm ansehen, dass sein Gehirn ordentlich zu arbeiten hatte. Schließlich schob er die Fäuste in die Taschen seiner Mopedjacke und sagte: »Ihr werdet mich doch nicht verpfeifen, oder? Also, der Rudolph hat mich wirklich drum gebeten.« Caspar senkte den Blick und fügte dann leise hinzu: »Also, am Anfang jedenfalls.«

Wie wird Caspar die Situation erklären?
Lies morgen weiter.

24. Dezember

Krimi-Monster und Superhelden

Esther verschränkte die Arme vor der Brust. »Aha, erzähl mal.«
Der Praktikant seufzte hörbar. »Okay, also, da waren so ein
paar gut gemeinte Sachspenden, die wir nicht wirklich gebrau-
chen konnten. Und da hab ich vorgeschlagen, man könnte die
ja zugunsten des Tierheims verkaufen. Die Idee fand Rudolph
gut, deshalb hab ich das dann auch gemacht.«

»So weit, so gut.« Carla nickte Caspar zu. »Und dann bist du
auf den Geschmack gekommen und dachtest, außer den Sachen,
die ihr abgesprochen habt, könntest du noch das eine oder andere mehr heimlich mitgehen lassen und verkloppen, und das
Geld sollte dann in deine eigene Tasche wandern. Stimmt's?«

Caspar nickte ergeben. »Ja, stimmt. Aber hey, was soll's? Das
sind doch nur Sachen, die hier eh schon ewig rumstehen und …«

Carla tippte ihm an die Stirn. »Hallo? Merkst du noch was?
Das ist Diebstahl. Betrug. Hehlerei.«

»Und Einbruch«, ergänzte Samuel und zeigte dabei auf die Tür.

Caspar hob die freie Hand zu einer Geste der Hilflosigkeit.
»Schon klar. Und jetzt? Wollt ihr mich anzeigen, oder was?«

Esther leuchtete Caspar mit der Handylampe ins Gesicht.
»Wir könnten unter bestimmten Bedingungen bereit sein, den
Mantel des Schweigens darüberzudecken.«

Caspars Gesichtszüge entspannten sich deutlich, obwohl er
gegen die Lampe anblinzeln musste. »Na, dann lasst mal hören.«

»Zuerst stellst du die Boxen wieder weg und pfriemelst das
Zeug da aus dem Schloss«, sagte Samuel. »Und was du bisher an
Kohle für die Sachen gekriegt hast, spendest du dem Tierheim.

»Mach ich sofort, kein Ding!«, rief Caspar erleichtert.

»Und außerdem verrätst du uns pronto, wo der Troll ist und
wie er aus dem Tierheim verschwinden konnte«, sagte Esther.

»Hey, Mann, was habt ihr immer mit dem Troll!«, motzte

Caspar empört. Er schob Esthers Arm zur Seite. »Damit hab ich nichts zu tun! Ehrenwort!«

»Pft, schon wieder so 'n Ehrenwort«, spottete Jonathan. »Geschenkt! Stichwort: Klaus Hirte. Zufällig ein Nachbar und Fußballkollege von dir.«

Und obwohl die Freunde keine belastbaren Beweise in der Hand hatten, sprang Caspar darauf an. »Ah, verstehe, ich habe es hier wohl mit Superhelden zu tun.« Caspar warf lässig den Kopf in den Nacken. »Hellseher und so.«

Carla baute sich vor ihm auf. »Das hast du gut erkannt. Also?«

»Also habe ich trotzdem den Troll nicht geklaut«, antwortete Caspar patzig. »Ehrenw… Ich schwöre.«

»Das mit dem Schwören lass mal lieber«, sagte Samuel. »Aber du weißt, wo er ist und wie er da hingekommen ist, stimmt's?«

Caspar nickte kaum merklich. »Kann sein, dass ich Niko verraten habe, wie ich die Sachen hier rausgeholt habe.«

»Kann es auch ganz zufällig sein, dass du ihm für eine Nacht den Schlüssel vom Tor überlassen hast?«, hakte Carla nach.

Caspar zuckte mit den Schultern. Carla seufzte. »Das heißt dann wohl Ja.«

»Dann räum ich jetzt mal die Boxen wieder weg. Der Deal ist ja ohnehin geplatzt«, murmelte Caspar.

»Warte mal.« Esther hielt ihn an der Schulter zurück. »Was ich nicht verstehe: Wenn dein Kicker-Kumpel den Hund zu Hause hat, muss er doch früher oder später damit rechnen, dass ihn jemand sieht und den Hund wiedererkennt.«

Wieder zuckte Caspar mit den Schultern. »Niko zieht direkt nach Weihnachten um. Und ihr verpfeift mich echt nicht?«

Statt einer Antwort sagte Carla: »Wir treffen uns in zwei Stunden bei deinem Kicker-Kumpel. Vorher haben wir noch was zu erledigen.«

Schwer bepackt klingelten Carla, Samuel, Esther und Jonathan kurz darauf bei der Familie Engel. Schwungvoll öffnete die dynamische Juniorchefin die Haustür. »Ja?«

Auf Kommando ließen ihr die vier die beiden Autoreifen, die sie vom Tierheimgelände herübergeschleppt hatten, direkt vor die Füße fallen. Erschrocken machte die junge Frau einen Satz zurück.

»Hallo, wir wollten Ihnen nur was zurückbringen, was Ihr Bruder offenbar beim Tierheim verloren hat. Die gehören doch Ihnen, oder?«, sagte Esther gespielt freundlich.

Gabriele Engel lief rot an. »Aber …« Dann verschlug es ihr die Sprache.

»Die Sache ist die«, übernahm jetzt Carla. »Es wäre wirklich sehr nett, wenn er dann auch noch den restlichen Müll da wegholen würde. Ansonsten würden wir nämlich der Flur-Dingsbums-Behörde einen Tipp geben.«

»Flurreinigungsbehörde«, sagte Jonathan.

»Flur-be-reinigungsbehörde«, sagte Samuel.

»Und immer schön freundlich sein zu den Nachbarn«, fügte Esther hinzu. Damit drehten die Freunde sich um und ließen die verdutzte Landwirtin stehen.

»Was mit dem Grundstück passiert, entscheiden andere«, sagte Carla auf dem Rückweg. »Aber vielleicht hat ja nun die Schikane ein Ende.«

»Und jetzt: auf zur letzten Mission des Tages!«, rief Jonathan. »Auf zur Stern-Siedlung!«

»Da seid ihr ja endlich!«, rief Judith Winter aus der Küche, aus der ein herrlicher Duft drang. »Das Essen ist längst fertig, es gibt Spaghetti mit Tomatensoße.«

Carla steckte den Kopf zur Tür herein. »Wir haben noch jemanden mitgebracht.«

»Oh!« Die Mutter schleckte den Kochlöffel ab. »Mhm, lecker. Dann müssen wir noch Nudeln nachkochen.«

»Keine Sorgen, ich glaube, die ›Person‹ sollte ohnehin keine Tomatensoße essen«, sagte Carla und schob die Tür auf. Herein kam Samuel mit dem braunen Setter-Mischling an der Leine.

Lothar Winter hätte beinahe die Teller fallen gelassen, die er gerade aus dem Schrank geholt hatte. »Aber das ist ja … Troll! Wo habt ihr ihn gefunden? Ist er unverletzt?«

»Das ist eine lange Geschichte, Lolo«, sagte Carla. »Das Wichtigste ist doch, dass der Troll wieder da ist, oder?«

»Wir sind Krimi-Monster und Superhelden.« Samuel reckte die Faust. »Der Troll war tatsächlich entführt worden. Aber wir haben ihn aufgespürt.«

Eilig stellte Lothar Winter die Teller ab. »Na, dann rufen wir doch mal sofort diese netten Polizisten an, damit ihr ihnen alles erklären könnt. Wo hab ich denn die Nummer …?«

Carla hielt ihrem Vater die Hand wie ein Stopp-Schild vor die Nase. »Kannst du denen nicht einfach sagen, der Troll sei gefunden worden? Die Sache ist etwas kompliziert. Der ist gut versorgt worden, davon konnten wir uns überzeugen, als wir ihn gerade abgeholt haben. Jeder hat doch eine zweite Chance verdient, oder? Wir haben doch schließlich quasi Weihnachten.«

»Sagen wir so: Da hat jemand einen verdammten Fehler gemacht, den er jetzt bereut«, erklärte Samuel und hob den Zeigefinger. »Wir haben ihn auf den Weg der Tugend zurückgeführt.«

»Dann werde ich direkt dem Rudolph Bescheid geben. Für die Adoptanten ist dann das Weihnachtsfest auch gerettet.« Lothar Winter streichelte Troll über den Kopf. »Schön, dass du wieder da bist, Kumpel. Wenn du erzählen könntest …«

Auf dem Tisch stand ein kleines Päckchen mit einer roten Schleife darum. »Und was ist das?«, fragte Carla.

»Ach, das könnt ihr ruhig auspacken, das haben wir bei der Fortbildung geschenkt bekommen«, rief die Mutter aus der Küche. »Keine Ahnung, was dadrin ist.«

Carla öffnete den kleinen Karton. Und dann musste sie laut lachen, denn zum Vorschein kam ein roter Weihnachtsmann aus Porzellan. Er hielt eine Tafel in den Händen, darauf stand

FROHE WEIHNACHTEN!

Sarah Bosse

Die Spekulatius-Verschwörung
Ein Weihnachtskrimi in 24 Kapiteln
nach einer Idee von Jo Pestum

Von wegen friedliche Weihnachtszeit, denkt Milena, als ein antiker Spekulatius-Model aus der einzigen Bäckerei im Ort gestohlen wird. Milena ahnt, dass ihr Cousin Silas, der als Azubi in der Bäckerei arbeitet, in die Sache verwickelt sein könnte. Aber mit ihm und seinen Kumpels ist nicht zu spaßen. Zum Glück sind da Frida und Timo, die Milena bei den Nachforschungen helfen. Mit vereinten Kräften suchen die drei nach der wertvollen Backform – und finden schon bald Hinweise darauf, dass es sich hier keineswegs um einen gewöhnlichen Diebstahl handelt.

200 Seiten • Gebunden • ISBN 978-3-401-60669-9 • www.arena-verlag.de

Jo Pestum

Drei Weihnachts-Lamas in Gefahr
Ein Weihnachtskrimi in 24 Kapiteln

Kurz vor den Weihnachtsferien entdecken Danny, Paul, Jana und Fatma
drei entlaufene Lamas. Rasch machen die Freunde die Besitzerin der
Tiere ausfindig, doch die scheint etwas vor ihnen zu verbergen. Noch
dazu deuten alle Anzeichen darauf hin, dass in den Stall der Lamas
eingebrochen wurde. Hängt das etwa mit der vorweihnachtlichen
Diebstahlserie zusammen, die in der Stadt für Aufruhr sorgt? Die
vier Detektive fangen an zu ermitteln, doch dann sind die Lamas
plötzlich verschwunden. Gelingt es ihnen, das Geheimnis rechtzeitig
zum Weihnachtsfest zu lüften?

200 Seiten • Gebunden • Mit perforierten Seiten zum Aufschneiden
ISBN 978-3-401-60525-8 • www.arena-verlag.de

Jo Pestum

Die große Adventsverschwörung
Ein Weihnachtskrimi in 24 Kapiteln

Die Weihnachtsferien beginnen aufregend für Maik, Carlo und Julian! Die drei Hobbydetektive werden von ihrer Klassenkameradin Jenny um Hilfe gebeten: Ein Mädchen hat ihr im Bus einen alten mysteriösen Schlüssel in den Rucksack gesteckt und ist dann vor der Polizei geflohen. Die vier finden schnell heraus, dass der Schlüssel zur Kapelle gehört, die sich neben dem Altenheim befindet. Dort treffen sie auch das geheimnisvolle Mädchen wieder, das sich äußerst verdächtig verhält. Was hat sie nur vor? Sofort beginnen die Freunde mit ihren Ermittlungen …

200 Seiten • Gebunden • ISBN 978-3-401-60379-7 • www.arena-verlag.de

Alice Pantermüller / Daniela Kohl

~~Mein~~ Dein Lotta-Leben
Adventskalenderbuch in 24+2 Kapiteln

Oh du Weihnachtliche! Jedes Jahr im Dezember behauptet Mama,
Weihachten kommt immer so plötzlich. Und dann dauert es doch
jedes Mal ganz furchtbar ewig bis zum 24.! Aber diesmal haben
Cheyenne und ich keine Lust auf Langeweile. Wir haben uns ganz
viele tolle Sachen ausgedacht, die die Vorweihnachtszeit – hoffentlich – blitzschnell vergehen lassen: Kritzelspiele, Geschich-
tendichten, Bastelaktionen, Backpläne ... Mach doch auch mit
und sorg dafür, dass das die spannendste Weihnachtszeit aller
Zeiten wird.

120 Seiten • Gebunden • ISBN 978-3-401-60749-8 • www.arena-verlag.de